MW00411833

Précis

de

Conjugaison

Isabelle Chollet
Jean-Michel Robert

Sommaire

Édition : Martine Ollivier
Maquette : Sophie Compagne
Couverture : Avis de Passage

© CLE International, 2005.
ISBN : 978-2-09-035250-4

Avant-propos

Cet ouvrage présente la conjugaison de **82 verbes modèles** sélectionnés pour représenter l'ensemble des verbes français indispensables à un public d'étudiants étrangers.

Chaque verbe est conjugué à tous les modes et à tous les temps :
Indicatif : *présent, passé composé, imparfait, plus-que-parfait, passé simple, passé antérieur, futur simple et futur antérieur.*
Conditionnel : *présent et passé.*
Impératif : *présent et passé.*
Subjonctif : *présent, passé, imparfait et plus-que-parfait.*

Ne figurent pas *le conditionnel passé 2ᵉ forme* qui a la même forme que le plus-que-parfait du subjonctif et *le passé surcomposé*, très rare, qui est cependant abordé dans la partie grammaticale de l'ouvrage.

En bas de page, une section **Remarques et usage** met en évidence les particularités de chaque verbe ainsi que des exemples d'utilisation dans des phrases simples. 14 des 82 verbes sont présentés sur deux pages.

Ces 82 verbes sont présentés en quatre parties :
▶ les verbes et auxiliaires *être* et *avoir*, la forme pronominale, la forme passive ;
▶ les verbes du premier groupe, dont l'infinitif est en **-er** (la seule exception est le verbe *aller* qui est irrégulier et appartient au troisième groupe) ;
▶ les verbes du deuxième groupe, dont l'infinitif est en **-ir** et le participe présent en **-issant** ;
▶ les verbes du troisième groupe qui comprend tous les autres verbes (c'est un groupe de verbes irréguliers).

Les verbes les plus fréquents sont encadrés dans les tableaux de conjugaison.

À la suite des tableaux, un index répertorie plus de 5 000 verbes couramment utilisés dans la langue française. En face de chaque verbe, un numéro renvoie à l'un des 82 verbes modèles dont il suit la conjugaison.

Avant la conjugaison des verbes, cet ouvrage propose un petit guide grammatical, un mode d'emploi de tous les temps et de tous les modes, ainsi que de la voix passive et de la concordance des temps. Les notions qui ne sont pas essentielles apparaissent en caractères plus petits.

Voix, modes et temps

Il y a deux voix en français, la voix active et la voix passive.

▸ À la voix active, le sujet fait l'action, il est actif :
*Le réalisateur **dirige** les acteurs.*

▸ À la voix passive, le sujet subit l'action, il est passif :
*Les acteurs **sont dirigés** par le réalisateur.*

MODES

Le mode exprime l'attitude du locuteur par rapport à son discours.

▸ On distingue les modes personnels, qui se conjuguent, et les modes impersonnels, qui n'ont pas de conjugaison.

Les modes personnels sont :

- L'indicatif (qui exprime la réalité) :
*Elle **est** étudiante.*

- L'impératif (qui exprime l'ordre) :
***Lisez** ce livre !*

- Le conditionnel (qui exprime l'éventualité, l'hypothèse, la politesse, ...) :
*Il **pourrait** pleuvoir.*

- Le subjonctif (qui exprime le but, le souhait, la possibilité, ...) :
*Je voudrais qu'il **fasse** beau.*

Les modes impersonnels sont :

- L'infinitif :
***Conserver** dans un endroit frais et sec.*

- Le participe :
*Un chasseur **sachant** chasser doit savoir chasser sans son chien.*

Les temps servent à situer l'action ou l'état dans le temps.

▶ Tous les modes n'ont pas le même nombre de temps. On distingue les temps simples et les temps composés (avec auxiliaire *être* ou *avoir* + participe passé). C'est l'indicatif qui a le plus grand nombre de temps.

Temps simples de l'indicatif :

- Le présent : *Je parle.*
- L'imparfait : *Je parlais.*
- Le passé simple : *Je parlai.*   } Le passé
- Le futur simple : *Je parlerai.*   Le futur

Temps composés de l'indicatif :

- Le passé composé : *J'ai parlé.*   Le passé du présent
- Le plus-que-parfait : *J'avais parlé.* }
- Le passé antérieur : *J'eus parlé.* } Le passé du passé
- Le futur antérieur : *J'aurai parlé.*   Le passé du futur

▶ Le subjonctif a un présent *(que je parle)*, un imparfait *(que je parlasse)*, un passé *(que j'aie parlé)*, un plus-que-parfait *(que j'eusse parlé)*. Les autres modes ont un présent et un passé : *je parlerais, j'aurais parlé* (conditionnel), *parlez, ayez parlé* (impératif), *parler, avoir parlé* (infinitif), *parlant, parlé, ayant parlé* (participe).

▶ Certains temps ne s'utilisent qu'à l'écrit, comme le passé simple, le passé antérieur, le subjonctif imparfait et le subjonctif plus-que-parfait. D'autres uniquement à l'oral, comme le passé surcomposé (cf. **Le passé surcomposé**).

L'indicatif

La valeur principale du présent est d'indiquer l'état ou l'action au moment où s'exprime le locuteur.

Paul est étudiant, il veut devenir architecte.

▶ Le présent exprime une action en cours de réalisation :
Aujourd'hui, Paul étudie à la bibliothèque. Il prépare ses examens.

L'action en cours de réalisation peut être exprimée par la construction « *être en train de* (présent) + infinitif ».
Pierre est en train d'étudier à la bibliothèque.

▶ Une action ponctuelle :
Il allume l'ordinateur, il clique sur « auteur », il tape le nom de l'auteur.

▶ Un fait habituel, une répétition :
Tous les jours, Paul se lève à 7 heures, il part pour l'université à 8 heures. Il déjeune au restaurant universitaire.

▶ Un fait général ou une vérité universelle :
Les études d'architecture sont longues et difficiles.
L'homme est mortel.

▶ Dans certains cas, le présent peut remplacer l'impératif présent :
On se calme, les enfants (calmez-vous).
Maintenant tu te tais ! (tais-toi).

Le présent peut parfois exprimer le passé.

▶ Un passé proche (le verbe est souvent accompagné d'un complément de temps comme *juste, tout juste, à l'instant*).
Paul arrive juste de la bibliothèque.

L'adverbe de temps peut être remplacé par la construction « *venir de* (présent) + infinitif ».
Paul vient d'arriver de la bibliothèque.

▶ Un présent de narration dans un récit.
La semaine dernière, Paul sort de chez lui en toute hâte.
Il est en retard pour l'examen, il se dépêche.
Un taxi passe, Paul lui fait signe.

▶ Un présent historique, dans les relations de faits ou d'événements historiques.
En 1889, Gustave Eiffel construit à Paris une tour métallique
de 300 mètres de haut.
La Première Guerre mondiale débute en 1914.

Le présent peut aussi exprimer un futur plus ou moins proche.

▶ Lorsque le futur est proche, il peut être indiqué par le présent si, dans la phrase, il y a un complément de temps. L'action est alors considérée comme sûre.
Ce soir, je ne sors pas, je reste chez moi.

▶ Le présent peut aussi indiquer une obligation dans le futur.
Je ne peux pas rester ; demain matin, je me lève à six heures (je dois me lever à six heures).

En français oral, futur antérieur et futur simple peuvent être remplacés par le présent (cf. Le futur simple / Le futur antérieur).
Dès que j'arrive, je te téléphone (dès que je serai arrivé, je te téléphonerai).

▶ Le présent peut exprimer une hypothèse dépendant d'une condition dans le futur, particulièrement dans les phrases introduites par *si*.
Si je gagne au Loto, je m'achète une voiture.
S'il fait beau demain, je pars à la campagne.

L'IMPARFAIT

L'imparfait indique un état ou une action continue dans le passé.

▶ Il exprime la durée (le début et la fin de l'action ne sont pas précisés). Le passé peut être ancien ou récent :
Autrefois, la France s'appelait la Gaule. De tous les peuples de la Gaule, les Belges étaient les plus braves.

Dans le passé, l'imparfait sert à exprimer :

▶ Une action en cours.
Pendant que sa sœur regardait la télévision, il lisait un livre.

▶ Une description du cadre et des circonstances, un commentaire.
Ce matin, il faisait très beau, il y avait du soleil. C'était le premier jour du printemps. Les gens souriaient, les terrasses des cafés étaient pleines.

▶ Une répétition, une habitude.
Tous les soirs, il dînait à huit heures. Ensuite il regardait la télévision jusqu'à onze heures et se couchait à onze heures et demie.

▶ Un fait qui ne s'est pas produit. L'imparfait remplace alors le conditionnel passé ou la construction « *si* + plus-que-parfait, conditionnel passé ».
Sans ton aide, je ne réussissais pas (sans ton aide, je n'aurais pas réussi).
J'arrivais cinq minutes plus tard à la gare, je ratais le train (si j'étais arrivé cinq minutes plus tard, j'aurais raté le train).

L'imparfait peut aussi exprimer le temps présent.

▶ L'imparfait de politesse remplace le présent qui peut sembler trop direct.
Il s'utilise avec des verbes de volonté ou le verbe *venir* :
Je voulais vous présenter mes excuses.
Je venais vous dire que je ne serais pas là la semaine prochaine.

Dans le cas des verbes de désir, l'imparfait est souvent remplacé par le conditionnel présent :
Je voudrais vous présenter mes excuses.

▶ Avec la conjonction *si*, l'imparfait exprime l'hypothèse ou l'irréel du présent :
Si tu avais le temps, nous pourrions aller au cinéma (hypothèse).
Si j'étais le ministre des Finances, je supprimerais tous les impôts (irréel).

Avec un adverbe de temps, l'imparfait peut exprimer une hypothèse possible dans le futur :
Si demain tu n'allais pas mieux, il faudrait appeler un médecin.

▶ Avec *si* en tête de phrase, l'imparfait peut exprimer un souhait, un regret, une suggestion, une proposition, une demande polie ou une éventualité.
Il n'y a alors qu'un seul verbe dans la phrase.
Si j'étais riche ! (souhait)
Si j'avais encore vingt ans ! (regret)

Si tu tournais la clé dans l'autre sens ? (suggestion)
Si on allait au restaurant ? (proposition)
Si tu pouvais m'aider... (demande polie)
Et s'il était malade ? (éventualité)

▸ L'imparfait peut remplacer le présent au style indirect lorsque le discours est rapporté au passé (cf. **Le style indirect**) :
Il m'a dit : « Il fait beau. » ➜ *Il m'a dit qu'il faisait beau.*

LE PASSÉ COMPOSÉ

« Être » ou « avoir » ?

▸ La plupart des verbes se conjuguent aux temps composés avec l'auxiliaire *avoir* :
Hier, j'ai lu un livre, puis j'ai regardé un film à la télévision.
Ce matin, Patricia m'a téléphoné, elle m'a raconté ses vacances au Portugal.

▸ Quelques verbes (et leurs dérivés) se conjuguent toujours avec l'auxiliaire *être*. Ce sont des verbes d'état ou des verbes de mouvement qui n'ont pas de complément d'objet direct : *aller, arriver, naître, mourir, partir (repartir), rester, tomber, venir (revenir, devenir, survenir)* :
Julien est parti ce matin de bonne heure, il est arrivé à l'université à neuf heures.
Le dessinateur Hergé est né à Bruxelles en 1907, il est mort en 1983, il est devenu célèbre avec les aventures de Tintin et Milou.
Tu es déjà allé au Luxembourg ? – Oui, j'y suis resté une semaine l'année dernière.

▸ Quelques verbes (et leurs dérivés) peuvent se conjuguer avec l'auxiliaire *avoir* s'ils ont un complément d'objet direct ou avec l'auxiliaire *être* s'ils ne peuvent pas avoir de complément d'objet direct : *descendre, entrer (rentrer), monter, passer, retourner, sortir* :
Quand je suis descendu chercher du pain, j'ai descendu la poubelle.
Quand elle est rentrée du travail, elle a rentré le linge.
Nous sommes montés ensemble mais c'est moi qui ai monté les valises.
Elle a passé une semaine à Venise. Pour aller en Italie, elle est passée par la Suisse.

Il a retourné ses cartes : il avait quatre as. Je ne suis jamais retourné jouer avec lui.
Annie a sorti de l'armoire des vêtements dont elle ne voulait plus et elle est sortie les donner à sa sœur.

▸ Les verbes pronominaux se conjuguent toujours avec l'auxiliaire *être* :
Elle s'est levée, elle s'est douchée, elle s'est habillée.
Ils se sont rencontrés, ils se sont plu, ils se sont revus, ils se sont mariés.

(Pour l'accord du participe passé, cf. Accord du participe passé.)

Le passé composé exprime une action passée.

▸ Cette action peut être achevée au moment où l'on parle :
Ce matin, j'ai écrit des lettres, j'ai écouté la radio, puis je suis sorti rendre visite à un ami.

▸ Elle peut aussi continuer au moment où l'on parle :
Je ne l'ai pas vu depuis six mois.

Le passé composé exprime parfois une action présente.

▸ Cette action dure depuis longtemps :
Elle a toujours aimé le sport (elle aime le sport depuis toujours).

▸ À l'oral, on peut utiliser le passé composé pour exprimer une idée générale :
On a vite fait le tour de ce petit village (on fait vite le tour de ce petit village).
Fais attention si tu vas au casino. On y a vite dépensé tout son argent (on y dépense vite tout son argent).

Le passé composé peut aussi exprimer une action qui sera terminée dans le futur.

▸ Le passé composé peut remplacer le futur (futur simple ou futur proche), il faut alors un complément de temps :
J'ai terminé dans un instant.
J'ai fini dans deux minutes.

▸ Après la conjonction *si*, le passé composé a la valeur d'un futur antérieur :
Si vous avez terminé dans deux heures, vous pourrez partir.

Action courte ~ action longue.

▸ Traditionnellement, on emploie le passé composé pour une action ponctuelle (qui ne dure pas) et l'imparfait pour un état ou une action qui dure longtemps :
Sandra est arrivée en France il y a deux ans. Six mois après son arrivée, elle a rencontré Luc. Ils se sont mariés la semaine dernière.
L'année dernière, Luc habitait à Grenoble, il étudiait l'informatique.

▸ L'emploi du passé composé ou de l'imparfait permet de distinguer si l'action est courte ou longue :
Hier, il pleuvait (toute la journée).
Hier, il a plu (une seule fois, pendant un quart d'heure...).

Mais si on précise la durée (courte ou longue), seul le passé composé est possible :
Hier, il a plu toute la journée.
Luc a étudié l'informatique pendant quatre ans.

Actions simultanées ~ actions successives.

▸ Si les actions se passent au même moment, les verbes sont à l'imparfait :
Il était huit heures du soir. J'étais assis dans un café, je buvais un thé, je lisais le journal, dehors il pleuvait.

▸ Si les actions se suivent, les verbes sont au passé composé :
Quelqu'un est entré dans le café, il s'est assis à côté de moi, il a commandé un café, il m'a regardé, il m'a souri.

Avec des mots comme *d'un seul coup, soudain, brusquement* (et tous ceux qui indiquent un moment précis), il faut le passé composé :
Et, d'un seul coup, je l'ai reconnu.

Imparfait et passé composé dans la même phrase.

▸ S'il y a deux actions d'une durée différente, le verbe qui exprime l'action la plus longue (ou l'état) est à l'imparfait et l'autre au passé composé :
Quand Sandra était est France (état), *elle a visité la vallée de la Loire.*
Quand Sandra a rencontré Luc, il étudiait (action la plus longue) *l'informatique.*

▶ Dans les phrases avec des conjonctions de temps comme *quand, lorsque,* etc., les verbes qui expriment un événement, une action soudaine sont au passé composé. Ceux qui expriment un cadre, une circonstance ou une durée sont à l'imparfait.

Je rentrais chez moi (cadre, circonstances) *quand le téléphone a sonné* (action soudaine).

Le téléphone sonnait (durée) *quand je suis rentré.*

Dans le cas de deux événements, de deux actions soudaines quasi simultanées, les deux verbes sont au passé composé :

Quand le réveil a sonné, je me suis réveillé.

Attention, il ne faut pas confondre cette quasi-simultanéité (introduite par *quand*) avec une suite d'actions :

Le réveil a sonné, je me suis réveillé, je me suis levé.

> *L'imparfait peut remplacer le passé composé ou le passé simple.*

▶ Dans un récit littéraire, historique ou journalistique, pour mettre l'action en valeur, souligner l'importance de l'événement (il faut dans la phrase une indication temporelle précise), l'imparfait est possible :

Le 14 juillet 1789, le peuple de Paris prenait la Bastille.

En 1998, la France gagnait la Coupe du monde de football.

LE PLUS-QUE-PARFAIT

> *Le plus-que-parfait est le passé du passé.*

▶ Il exprime un fait passé qui a eu lieu avant un autre fait passé (au passé composé, à l'imparfait ou au passé simple) :

Je lui ai demandé où elle avait acheté son sac.

Ce matin, le jardin était tout blanc, il avait neigé pendant la nuit.

La princesse épousa le jeune homme qui était venu à son secours.

▶ Dans une phrase introduite par *quand* ou *lorsque*, le plus-que-parfait exprime un fait habituel si l'autre verbe est à l'imparfait :

Quand il avait fini son travail, il allait se promener avant de rentrer chez lui.

Quand il avait dîné, il regardait la télévision.

▶ Il peut alors s'employer seul (ou avec un présent) :
Tu me l'avais promis !
Tu te souviens comme on s'était bien amusés ?

▶ Il peut avoir la valeur d'un passé composé, c'est un plus-que-parfait de politesse (cf. **L'imparfait de politesse**) :
J'étais venu vous expliquer les raisons de mon absence.

▶ Avec la conjonction *si*, le plus-que-parfait exprime l'irréel du passé, le regret ou le reproche :
Si tu me l'avais demandé, je t'aurais aidé. (irréel du passé, le fait ne s'est pas produit)
Ah, si j'avais gagné au Loto ! (regret)
Si tu m'avais écouté ! (reproche)

▶ Le plus-que-parfait peut remplacer l'imparfait et remplace le passé composé au style indirect lorsque le discours est rapporté au passé (cf. **Le style indirect**) :
Elle m'a expliqué : « J'étais malade, je n'ai pas pu venir. »
→ *Elle m'a expliqué qu'elle avait été malade et qu'elle n'avait pas pu venir.*

LE PASSÉ SIMPLE

▶ Dans des textes littéraires, des récits historiques ou des contes, le passé simple remplace traditionnellement le passé composé. L'opposition entre le passé simple et l'imparfait est la même qu'entre le passé composé et l'imparfait :
*« Quelques jours après, Eugène **alla** chez madame de Restaud et ne **fut** pas reçu. Trois fois il y **retourna**, trois fois encore il **trouva** la porte close »* (Balzac, *Le Père Goriot*).
*« La planète suivante était habitée par un buveur. Cette visite **fut** très courte mais elle **plongea** le Petit Prince dans une grande mélancolie »* (Saint-Exupéry, *Le Petit Prince*).

La Fayette s'embarqua en 1777 pour l'Amérique. Il avait vingt ans. Il combattit victorieusement pour l'indépendance des États-Unis. Il revint en France et participa activement à la vie politique française.
Ils se marièrent et eurent beaucoup d'enfants.

▸ Dans la presse écrite, le passé simple peut remplacer le passé composé. Mais dans les dialogues, le passé simple n'est pas possible.
Quand le chanteur arriva, la salle tout entière l'applaudit (le passé composé est aussi possible : *Quand le chanteur est arrivé, la salle tout entière l'a applaudi*).
« Nous avons tout fait pour régler ce problème », répondit le ministre.

> *Le passé simple, à l'écrit, peut s'opposer au passé composé.*

▸ Il est possible d'avoir dans le même récit un passé simple et un passé composé. Le passé simple est coupé du moment présent et le passé composé est lié au moment présent :
Antoine de Saint-Exupéry naquit à Lyon en 1900. Auteur et aviateur, il écrivit plusieurs livres. Celui qui eut le plus de succès fut certainement « Le Petit Prince ». En 1944, il disparut avec son avion en mer Méditerranée. Il y a quelques années, on a retrouvé les restes de l'écrivain et de son avion.

LE PASSÉ ANTÉRIEUR

> *Le passé antérieur est le passé du passé simple.*

▸ Comme le passé simple, c'est un temps utilisé à l'écrit (littérature, récit historique, conte, presse écrite). Il désigne une action antérieure à celle exprimée au passé simple. Il se trouve généralement après des conjonctions comme *après que, quand, une fois que* :
« Quand il eut placé ce léger véhicule contre la marche [...], il rentra dans le logis » (Maupassant, *Alexandre*).
Après que César eut conquis la Gaule, il retourna à Rome à la tête de ses armées.
Une fois que le Prince charmant eut embrassé Blanche-Neige, elle revint à la vie.

15

▶ Après les conjonctions *aussitôt que* et *dès que*, le passé antérieur est possible pour insister sur l'antériorité par opposition avec le passé simple qui exprime la simultanéité :

*Aussitôt que la direction **eut annoncé** des suppressions de postes, les employés se mirent en grève.* (antériorité)

*Aussitôt que la direction **annonça** des suppressions de postes, les employés se mirent en grève.* (simultanéité)

*Dès qu'il **fut entré** dans son bureau, il s'aperçut de la disparition d'un dossier confidentiel.* (antériorité)

*Dès qu'il **entra** dans son bureau, il s'aperçut de la disparition d'un dossier confidentiel.* (simultanéité)

> *Le passé antérieur remplace le passé simple.*

▶ Ce passé antérieur littéraire ne se trouve pas dans une proposition subordonnée de temps. Il insiste sur la rapidité de l'action et ne s'emploie qu'avec des adverbes ou des expressions comme *aussitôt, bientôt, en un instant, rapidement, vite...* :

*Les scientifiques **eurent vite compris** l'importance de cette invention*
(**Le passé simple est aussi possible** : *Les scientifiques **comprirent** vite l'importance de cette invention*).

*« La Cigogne au long bec n'en **put attraper** miette ;*
*Et le drôle **eut lapé** le tout en un moment »* (La Fontaine).

LE PASSÉ SURCOMPOSÉ

> *Le passé surcomposé est à l'oral le passé du passé composé.*

▶ Le passé surcomposé indique l'antériorité par rapport au passé composé à l'oral. Le passé surcomposé se construit avec l'auxiliaire *être* ou *avoir* au passé composé et le participe passé. Ce temps peu fréquent ne s'utilise qu'à l'oral et généralement après une conjonction de temps (*quand, lorsque, après que, dès que,* etc.). Il désigne une action terminée antérieure à celle exprimée au passé composé :

*Quand elle **a eu fini** de faire ses devoirs, elle a regardé la télévision.*
*Dès que nous **avons eu mangé**, nous avons fait la vaisselle.*

Le futur simple exprime une action ou un fait situés dans l'avenir.

▸ Le moment futur peut être précisé :
Pierre partira au Québec dans deux mois, il y restera deux semaines.
Elle fêtera son anniversaire le 24 juillet.

Dans un récit, le futur simple peut exprimer un futur dans le passé (forme littéraire) :
Napoléon fut exilé à Sainte-Hélène en 1815 où il mourra en 1821.

▸ S'il n'y a pas de complément de temps, le futur simple indique que l'événement aura lieu dans un temps indéterminé :
Pierre aura une promotion (on ne sait pas quand).
« *Petit poisson deviendra grand* » (La Fontaine).

▸ Dans une phrase introduite par *si*, le futur simple exprime une hypothèse ou une conséquence dans le futur :
Si j'ai le temps, je passerai vous voir demain soir.
Si tu ne réserves pas maintenant, tu n'auras pas de place ce soir.

Le futur simple peut remplacer un impératif.

▸ Il exprime alors un ordre, une consigne :
Vous réviserez toutes les conjugaisons pour l'examen de grammaire (révisez toutes les conjugaisons).
Vous ferez les trois premiers exercices (faites les trois premiers exercices).

▸ Il peut aussi exprimer un conseil :
Vous n'oublierez pas de vous inscrire à l'examen (n'oubliez pas de vous inscrire).
Vous ferez attention aux verbes irréguliers (faites attention aux verbes irréguliers).

Le futur simple peut exprimer un présent.

▸ Pour un fait présent considéré comme probable (cet emploi est de moins en moins utilisé) :
Il n'est pas venu en classe aujourd'hui, il sera malade (il est probablement malade).

*Non, je ne crois pas. Il voulait rencontrer Audrey aujourd'hui. Il **aura** rendez-vous avec elle.*

▶ Pour marquer la politesse :
*Je vous **dirai** que je ne suis pas tout à fait d'accord avec vous.*
*Je vous **demanderai** de bien faire attention.*

LE FUTUR PROCHE : Aller (présent) + infinitif

Le futur proche exprime un événement plus ou moins proche.

▶ Le futur proche indique que l'événement va bientôt se produire. Lorsqu'il n'y a pas d'indication de temps, il s'oppose au futur simple (plus lointain et plus incertain) et au présent (plus immédiat).
*Prends un parapluie, il **va pleuvoir**.*
*Il est tard, je **vais partir**.*

Comparez :
*Pierre **aura** une promotion* (on ne sait pas quand).
*Pierre **va avoir** une promotion* (bientôt).
Tu devrais appeler Luc pour lui dire que nous sommes rentrés.
*Tu as raison, je l'**appelle*** (immédiatement).
*Tu as raison, je **vais** l'**appeler*** (bientôt).
*Tu as raison, je l'**appellerai*** (promesse et temps imprécis).

Le futur proche peut aussi être employé pour remplacer un présent :
– Bonjour, mesdames, vous avez fait votre choix, qu'est-ce que vous prenez ?
*– Nous **allons prendre** le plat du jour.*

▶ Le futur proche peut aussi indiquer que le fait va certainement se réaliser :
*Ils **vont se marier*** (sûr et proche). ~ *Ils **se marieront*** (un jour).
*Ils **vont avoir** un enfant* (elle est enceinte). ~ *Ils **auront** un enfant* (un jour).

Pour indiquer avec le futur simple que le fait est certain, il faut ajouter un complément de temps :
*Ils **se marieront** au mois de juin.*

▶ Lorsque l'événement n'est ni proche ni immédiat, il faut un complément de temps. Dans ce cas, le futur simple est aussi possible.
*Elle **va quitter** la France l'année prochaine* (elle quittera la France l'année prochaine).
*Dans les mois qui viennent, les prix **vont** encore **augmenter*** (les prix augmenteront encore).

▷ Il exprime un ordre dont la réalisation doit être proche :
Les parents à l'enfant :
Tu vas arrêter immédiatement de faire du bruit ! (arrête immédiatement !)
Le professeur aux élèves :
Vous allez vous taire ? (taisez-vous !)

La construction « aller + infinitif » peut s'employer à l'imparfait.

▷ Elle exprime un futur plus ou moins proche dans le passé :
Il se dépêchait de rentrer chez lui, la nuit allait tomber.
Deux ans plus tard, ils allaient déménager.

LE FUTUR ANTÉRIEUR

Le futur antérieur est le passé du futur.

▷ Ce temps indique une action antérieure au futur. Il est généralement employé avec un futur simple :
Quand je serai arrivé, je te téléphonerai (d'abord j'arrive, ensuite je téléphone).
Lorsque tu auras lu ce livre, tu pourras me le prêter ?
En français oral, futur antérieur et futur simple peuvent être remplacés par le présent.
Quand j'arrive, je te téléphone. (cf. Le présent)
En français oral, le futur antérieur peut être remplacé par un futur surcomposé :
Quand on aura eu fini de manger, on pourra partir.

Le futur antérieur exprime un fait qui sera accompli dans le futur.

▷ Le futur antérieur peut aussi s'employer seul avec un complément de temps. Il exprime un fait déjà accompli ou à accomplir dans le futur.
La semaine prochaine, j'aurai passé tous mes examens.
J'aurai bientôt fini.

▶ Sans complément de temps, le futur antérieur exprime une hypothèse, une probabilité dans le passé. Il remplace le passé composé.

– *Alice n'est pas allée avec toi au cinéma ?*
– *Non, elle **aura oublié*** (elle a probablement oublié).
– *Je ne crois pas. Elle était un peu malade ce matin, elle est allée chez le médecin. Il lui **aura dit** de rester chez elle* (il lui a probablement dit de rester chez elle).
– *On peut dire qu'elle **aura eu** de la chance* (qu'elle a eu de la chance). *Le film était très mauvais.*

Le conditionnel

Le conditionnel présent exprime une demande, un souhait ou un désir au moment présent.

▸ Avec des verbes comme *avoir, connaître, être, pouvoir, savoir, vouloir*, le conditionnel présent peut exprimer une demande polie, c'est le conditionnel de politesse. Il remplace le présent de l'indicatif, considéré dans certains cas comme trop direct :
Bonjour madame, pourrais-je avoir un café, s'il vous plaît ? Je voudrais aussi un croissant.
Sauriez-vous où est la poste ?
Connaîtriez-vous les horaires de bus ? Auriez-vous l'heure ?

▸ Le conditionnel présent peut aussi exprimer le désir ou le souhait (particulièrement avec des verbes de désir comme *aimer, vouloir, préférer...*).
– *J'aimerais aller en Italie. Tu voudrais m'accompagner ?*
– *Je préfèrerais aller en Espagne.*

▸ Avec d'autres verbes que les verbes de désir, suivis de l'adverbe *bien*, le conditionnel présent peut exprimer un souhait, un désir, réalisable ou non selon le contexte.
Je ferais bien une sieste (réalisable si l'on est chez soi, irréalisable si on est au volant d'une voiture).
J'irais bien à la plage (au lieu d'aller au travail).

Il exprime aussi la surprise, le conseil, la suggestion, le reproche.

▸ Surprise : le conditionnel présent peut remplacer le présent de l'indicatif :
Tu accepterais sa proposition ? (tu acceptes ?)
Tu en serais capable ? (tu en es capable ?)

▸ Conseil : avec des verbes comme *devoir* ou *falloir* :
Tu devrais arrêter de fumer.
Il faudrait que tu te reposes.

▶ Suggestion : avec des verbes comme *aimer, dire, plaire, pouvoir, vouloir*, etc. :
*Tu **aimerais** sortir ce soir ? Ça te **dirait** d'aller au cinéma ?*
*Ça te **plairait** de dîner au restaurant après le film ?*
*On **pourrait** inviter Denys et Nathalie. Tu ne **voudrais** pas leur téléphoner ?*

▶ Reproche : avec des verbes comme *devoir* ou *pouvoir* :
*Vous ne **devriez** pas lui parler de cette façon.*
*Tu **pourrais** le faire toi-même !*

Le conditionnel présent exprime un fait possible, plus ou moins probable au moment présent ou dans l'avenir.

▶ Le fait est probable :
*J'ai eu des nouvelles de nos anciens camarades de classe. Paul **voyagerait** en Amérique du Sud et Eva **ferait** un stage en Allemagne.*

▶ Avec certains verbes comme *pouvoir, sembler, paraître...*, le conditionnel présent insiste sur le doute :
*Eva **pourrait** rester en Allemagne.*
*Il **semblerait** que Paul soit tombé amoureux du Brésil.*

▶ Dans des phrases relatives, le conditionnel présent peut remplacer le subjonctif présent (qui exprime le doute ; **cf. Le subjonctif présent**) en français oral :
*Y a-t-il quelqu'un qui **pourrait** m'aider ?* (qui puisse m'aider ?)
*Je cherche un appartement qui ne **serait** pas trop cher* (qui ne soit pas trop cher).

Le conditionnel présent exprime une hypothèse au moment présent ou dans l'avenir.

▶ Dans un présent ou un avenir possibles, impossibles ou irréels, avec la construction « *si* + imparfait » :
*Si je n'avais pas autant de travail, j'**irais** volontiers avec toi au théâtre* (impossible du présent).
*Si tu étais d'accord, nous **pourrions** l'inviter pour ce soir* (possible du présent).

S'il faisait beau demain, j'irais à la campagne (possible de l'avenir).
*Si demain je devenais président, je **supprimerais** tous les impôts* (irréel de l'avenir).

La construction avec « *si* + imparfait, conditionnel présent » n'est pas la seule possible. On peut trouver « *si* + présent, conditionnel présent » (le présent exprime une probabilité plus forte que l'imparfait) :
*Si tu es d'accord, nous **pourrions** l'inviter au restaurant.*

Ou « *si* + plus-que-parfait, conditionnel présent » (l'hypothèse ne s'est pas réalisée dans le passé et la conséquence est dans le présent) :
*Si tu avais réussi ton examen, tu **serais** maintenant ingénieur.*

▸ Après des conjonctions comme *au cas où, dans le cas où, dans l'hypothèse où* et *quand, quand bien même* (qui remplacent « *même si* + indicatif ») :
*Au cas où Pierre **téléphonerait** ce soir, dis-lui que je serai là demain.*
*Quand tu me le **donnerais** (même si tu me le donnais), je n'en voudrais pas.*
*Quand bien même tu **aurais** raison (même si tu avais raison), tu ne devrais pas lui parler si brutalement.*

La construction « *si* + imparfait » ou celles avec les conjonctions comme *au cas où* peuvent être remplacées par le conditionnel avec inversion du pronom sujet (forme littéraire) ou avec *que* (forme plus familière) :
Ferait-il beau demain, nous irions à la campagne.
Tu me le donnerais que je n'en voudrais pas.

▸ Dans le cas de projets plus ou moins réalisables (imagination et projets hypothétiques) :
*Il **serait** intéressant de créer une société. Nous **demanderions** un crédit à la banque. Dans deux ans nous **serions** très riches.*

Le conditionnel présent exprime aussi le futur.

▸ Il est utilisé pour indiquer le futur dans le passé :
Le peintre devait terminer ce tableau pour le lendemain. Il ne dormirait pas avant de l'avoir terminé.
Il était six heures du soir, le magasin ne fermerait qu'à sept heures.

▸ Au style indirect, le conditionnel remplace le futur simple lorsque le discours est rapporté au passé (cf. **Le style indirect**).
Il m'a demandé : « Viendras-tu ? » → *Il m'a demandé si je viendrais.*

> *Le conditionnel passé exprime une demande polie, un souhait ou un désir.*

▸ Comme le conditionnel présent, le conditionnel passé est un conditionnel de politesse (il est alors peu différent d'un conditionnel présent ou d'un passé composé) :
J'aurais voulu un croissant (forme plus fréquente : je voudrais un croissant).
Aurais-tu vu mes lunettes ? (as-tu vu mes lunettes ?)

▸ Le conditionnel passé peut aussi exprimer le désir ou le souhait dans le passé, le regret :
Quand elle était jeune, Lucie aurait voulu être comédienne. Elle aurait aimé jouer au théâtre.
Tu m'as servi mon thé avec du lait. Je l'aurais préféré avec du citron.

> *Il exprime aussi la surprise, le reproche pour un événement du passé.*

▸ Surprise : le conditionnel passé remplace le passé de l'indicatif :
Comment ? Tu aurais dit cela ? (tu as dit cela ?)
C'est vrai ? Elle serait revenue d'Allemagne ? (elle est revenue d'Allemagne ?)

▸ Reproche : avec des verbes comme *devoir* ou *pouvoir* :
Vous auriez dû faire attention !
Tu aurais pu venir à l'heure !

> *Le conditionnel passé exprime une information non confirmée dans le passé.*

▸ Le fait a pu se réaliser, mais le doute subsiste :
Elle aurait décidé de rester en Allemagne.
Il se serait marié au Brésil.

> *Le conditionnel passé exprime une hypothèse dans le passé.*

▸ Avec la construction « *si* + plus-que-parfait », la condition n'a pas été réalisée dans le passé :
Si j'avais su, je ne serais pas venu.
Si tu ne m'avais pas rappelé mon rendez-vous, je l'aurais oublié.

La construction « *si* + plus-que-parfait » peut être remplacée par le conditionnel passé avec inversion du pronom sujet (forme littéraire) ou avec *que* (forme plus familière) :

Aurait-il continué ses études, il aurait certainement réussi / Il aurait continué ses études qu'il aurait certainement réussi (s'il avait continué ses études, il aurait certainement réussi).

▶ Après des conjonctions comme *au cas où, dans le cas où, dans l'hypothèse où*, et *quand, quand bien même* :
Au cas où tu aurais oublié, je te rappelle que nous avons rendez-vous chez le notaire demain à 11 heures.
Quand bien même tu n'aurais pas été invité, tu peux toujours venir.

▶ Dans des phrases relatives, le conditionnel passé peut remplacer le subjonctif passé (qui exprime le doute ; cf. Le subjonctif passé) en français oral :
Y a-t-il quelqu'un ici qui aurait été témoin de l'accident ? (qui ait été témoin)

▶ Dans le cas de projets qui n'ont pas été réalisés dans le passé (imagination et projets hypothétiques) :
Nous aurions pu l'inviter, il serait venu avec son amie.
Nous serions allés au restaurant.

Le conditionnel passé exprime aussi un futur dans le passé.

▶ Il indique une action antérieure au futur dans le passé (conditionnel présent) :
Le peintre était très fatigué mais il ne se reposerait que lorsqu'il aurait terminé son tableau (le peintre doit d'abord terminer son tableau, il se reposera ensuite).
Il était 7 heures du soir, le magasin ne fermerait que lorsque les clients seraient sortis.

▶ Au style indirect, le conditionnel passé remplace le futur antérieur lorsque le discours est rapporté au passé (cf. Le style indirect).
Elle m'a affirmé : « J'aurai bientôt fini. »
➔ *Elle m'a affirmé qu'elle aurait bientôt fini.*

L'impératif

L'impératif est le mode de la demande.

▶ L'impératif présent exprime habituellement l'ordre ou la défense :
Parlez clairement.
Regarde-moi !
Ne recommence pas !

▶ À l'écrit, l'impératif présent est utilisé pour des règles ou des recommandations officielles :
Piétons, attention, traversez en deux temps.
Respectez la propreté de cet endroit.
Lisez attentivement la notice avant toute utilisation.

L'impératif présent peut être remplacé par l'infinitif présent (cf. L'infinitif présent) : *Lire attentivement la notice.*

▶ Il peut aussi exprimer le conseil, le souhait, l'invitation, la prière, la politesse formelle :
Tu es vraiment très fatiguée, repose-toi un peu (conseil).
Passe une bonne soirée. Amuse-toi bien (souhait).
Entre, assieds-toi, fais comme chez toi (invitation).
Ne me quitte pas (prière).
Veuillez agréer, monsieur, l'expression de mes salutations distinguées (politesse formelle).

▶ Il peut remplacer une proposition subordonnée (de temps, de condition, etc.) :
Revenez à 7 heures, ce sera fait (temps : quand vous reviendrez...)
Continue comme ça et tu auras des problèmes (condition : si tu continues...)

L'impératif présent et les pronoms compléments.

▶ À la forme affirmative, il faut un trait d'union (mais pas à la forme négative) :
Raconte-moi tout. Ne me cache rien !
Dis-le-moi (deux pronoms personnels, deux traits d'union).
Ne te mets pas en colère, calme-toi !

▶ À la 2e personne du singulier des verbes qui se terminent par *e* et derrière *va*, il faut ajouter un *s* devant les pronoms *y* et *en* :
Va chercher du pain, vas-y maintenant !
Donne cette photo de la classe à Jacques et donnes-en une aussi à Lucie.

Certains impératifs ont une signification particulière.

▶ Ils peuvent être une sorte d'encouragement, de consolation, avec le verbe *aller* :
Allez, on y va.
Allons, allons, tu ne vas pas pleurer pour cela !

▶ Ils ponctuent le discours avec des verbes comme *dire, tenir, voir* :
Tiens, voilà Jean-Paul. Il est bien élégant, dis donc !
Soyez réaliste, voyons ! Ce que vous me proposez n'est pas possible.

L'IMPÉRATIF PASSÉ

L'infinitif passé indique une demande qui doit être réalisée avant un temps précisé dans le futur.

▶ Il ne s'emploie pas seul, mais avec un complément de temps :
Aie fini avant mon retour.
Soyez partis demain.

▶ Ou avec une subordonnée de temps :
Ayez terminé d'ici à ce que je revienne.
Sois rentré avant qu'il (ne) fasse nuit.

Le subjonctif

Le subjonctif présent se trouve dans des propositions subordonnées introduites par que.

Il indique que l'action de la proposition subordonnée a lieu après (postériorité) ou en même temps (simultanéité) que l'action de la proposition principale, indépendamment du temps du verbe de la principale (cf. **La concordance des temps**).

▸ Après des verbes qui expriment la volonté, l'obligation, le désir, le souhait, le sentiment :
Tu es en retard, il faut que tu partes maintenant (volonté / simultanéité).
Il faut qu'il prévienne ses parents qu'il ne rentrera pas dîner (obligation / simultanéité).
J'aimerais qu'il fasse beau demain (souhait / postériorité).
Voudriez-vous que je vous écrive la recette de ce gâteau ? (désir / simultanéité ou postériorité).
Je me réjouis que tu viennes passer quelques jours chez moi la semaine prochaine (sentiment / postériorité).
Quand tu m'as téléphoné hier, j'étais content que tu m'appelles (sentiment / simultanéité).

L'infinitif remplace généralement le subjonctif quand les verbes ont le même sujet (cf. **L'infinitif**) :
Je me réjouis de passer quelques jours avec toi.

▸ Après des verbes de jugement, d'opinion, et ceux qui expriment le doute :
Il est possible qu'il pleuve.
Il est surprenant que tu ne saches pas parler anglais.
Je doute qu'il ait raison.

▸ Après des verbes qui se construisent avec *à ce que* : *s'attendre, tenir, s'opposer,* etc. :
Caroline s'attend à ce que ses parents lui interdisent de sortir le soir.
Les parents de Caroline s'opposent à ce qu'elle sorte le soir.
Caroline ne tient pas à ce que ses parents sachent qu'elle sort le soir.

> *Le subjonctif présent se trouve dans des propositions subordonnées circonstancielles.*

▶ Après des conjonctions de temps qui indiquent un fait dans un futur indéterminé comme *avant que, jusqu'à ce que, en attendant que, le temps que, d'ici à ce que* :
  – *Prends ton temps. Je ne partirai pas avant que tu sois prête.*
  – *D'ici à ce que je sois prête, tu peux attendre longtemps !*
  – *Le temps que tu te prépares, je vais regarder si j'ai des messages sur l'ordinateur.*
  – *Fais plutôt du café en attendant qu'Alain revienne. Il doit rester à l'université jusqu'à ce que ses cours soient finis.*

▶ Après les conjonctions de but *pour que, afin que, de peur que, de crainte que, de manière que, de sorte que, de façon que* :
  Alex a tout fait pour que (afin que) la fête soit un succès. Il n'a pas choisi un soir de semaine de peur que (de crainte que) tous ses amis ne soient pas libres. La fête aura lieu samedi de sorte que (de manière que, de façon que) tout le monde puisse y participer.

Lorsque les deux verbes ont le même sujet, l'infinitif remplace obligatoirement le subjonctif (cf. L'infinitif) :
Alex fait tout pour faire plaisir à ses amis.

Lorsque les conjonctions *de manière que, de sorte que, de façon que* expriment la conséquence, elles sont suivies de l'indicatif :
La fête a eu lieu samedi soir de sorte que (de manière que, de façon que) tout le monde a pu y participer.

▶ Après des conjonctions de cause comme *soit que, non que, non pas que* (la cause est incertaine ou fausse) :
  – *Je crois que Luc ne viendra pas ce soir. Soit qu'il ait encore du travail à faire, soit qu'il ait d'autres projets.*
  – *Ce n'est pas que (non que, non pas que) Luc ait d'autres projets, mais c'est parce qu'il doit préparer un exposé pour demain.*

▶ Après des conjonctions de concession comme *bien que, quoique, encore que, sans que, pour... que, si... que, quelque... que,* etc. :
  Quoique (bien que, encore que) Mariella connaisse très bien la grammaire, elle fait encore quelques fautes.

*Si (quelque, pour) bonne que soit sa connaissance de la grammaire,
elle fait encore quelques fautes.*
Francisco s'est inscrit au concours sans qu'il ait une chance de réussir.

Avec *sans que*, l'infinitif peut remplacer le subjonctif si les deux verbes ont le même sujet (cf. L'infinitif) :
Francisco s'est inscrit au concours sans avoir une chance de réussir.

On trouve aussi le subjonctif après les conjonctions *qui que, quoi que, où que, quel (quelle, quels, quelles) que* :
Prévenez les passagers que, qui qu'ils soient, quoi qu'ils disent, où qu'ils aillent, quelle que soit leur destination, il est impossible d'embarquer maintenant à cause du mauvais temps.

▶ Dans des subordonnées de conséquence introduites par *pour que, sans que*, et si la principale qui comporte un degré d'intensité entraînant une conséquence est à la forme négative ou interrogative :
*Le studio de Stéphanie n'est pas assez grand pour qu'elle puisse
y organiser une fête pour son anniversaire.*
*Elle ne peut pas faire du bruit après 10 heures du soir sans que les
voisins se plaignent.*
Et pourtant, la musique n'est pas si forte que les voisins soient gênés.
*Les rapports de Stéphanie avec ses voisins sont-ils si difficiles qu'elle doive
déménager ?*

Avec *pour que* et *sans que*, l'infinitif peut remplacer le subjonctif si les deux verbes ont le même sujet (cf. L'infinitif) :
Stéphanie a un studio trop petit pour pouvoir y organiser des fêtes.

▶ Après des conjonctions de condition comme *à condition que, pourvu que, à moins que, pour peu que, sans que*, et d'hypothèse comme *à supposer que, en supposant que, en admettant que* :
*– Je te laisserai mon studio pendant les vacances à condition que
tu payes le loyer. Je partirai le 1er juillet, à moins que j'aie encore du
travail à finir. Tu pourras t'installer début juillet pourvu que tu me
laisses une caution. Mais attention ! Pour peu que je retrouve une seule
chose cassée à mon retour, je garde la caution. De toute façon,
je ne prendrai pas cette décision sans que mon propriétaire soit d'accord.*
– En admettant que j'accepte tes conditions, quel serait le loyer ?

Avec *sans que, à condition que* et *à moins que*, l'infinitif peut remplacer le subjonctif si les deux verbes ont le même sujet (cf. L'infinitif) :
Je ne prendrai pas cette décision sans en parler à mon propriétaire.

Pourvu que peut aussi exprimer le souhait :
Pourvu que tu réussisses !

En français soutenu, il peut être remplacé par le verbe *pouvoir* au subjonctif avec inversion du sujet :
Puisses-tu réussir !

Le subjonctif s'emploie également lorsqu'une phrase commence par que.

▸ Il peut s'agir d'une simple proposition complétive qui, lorsque la conjonction *que* relie les deux propositions, est à l'indicatif ou au subjonctif :
Qu'il soit compétent, j'en suis persuadé (je suis persuadé qu'il est compétent).
Que vous vouliez déménager, je trouve cela naturel (je trouve naturel que vous vouliez déménager).

▸ *Que* peut aussi remplacer une conjonction de concession ou de condition :
Qu'il ait une chance de réussir ou non, il s'est inscrit au concours.

Avec la condition, les deux propositions sont souvent reliées par *et* :
Que je retrouve une seule chose cassée à mon retour et je garde la caution.

La suppression de *que* est possible avec inversion du sujet (forme littéraire) :
Survienne un accident et je garderais la caution.

Le subjonctif présent peut être employé dans une phrase relative.

▸ Pour exprimer une idée de doute :
Je cherche quelqu'un qui puisse me traduire ce texte (je ne sais pas si cette personne existe).
As-tu un ami qui connaisse le russe ?
Tu ne connais personne qui soit capable de faire cette traduction ?
Je voudrais une traduction qui soit fidèle au texte.

En français oral, le conditionnel peut remplacer le subjonctif (cf. Le conditionnel présent) :
As-tu un ami qui connaîtrait le russe ?

▸ Pour exprimer une opinion subjective (particulièrement avec des expressions comme *le seul, l'unique, le premier, le dernier* + pronom relatif) et des superlatifs :
– Il n'y a pas un seul livre de cet auteur qui me plaise.

– Tu es le premier qui me dises cela. Pour moi, c'est le meilleur auteur que je connaisse.

> *Le subjonctif présent peut exprimer l'impératif.*

▸ Particulièrement pour les 3ᵉ personnes du singulier et du pluriel. Il est en général précédé de *que* :
  – Mme Legrand est dans la salle d'attente avec ses enfants.
  *– Qu'elle **entre**, mais que les enfants **restent** dans la salle d'attente.*

Il se trouve quelquefois sans *que* dans des expressions figées :
Vive la France ! Dieu soit loué !

▸ Au style indirect, le subjonctif présent peut remplacer l'impératif (cf. Le style indirect) :
  « Va chercher du pain », lui a demandé sa mère.
  → *Sa mère lui a demandé qu'il **aille** chercher du pain.*

SUBJONCTIF OU INDICATIF ?

> *Après des verbes de jugement, on peut trouver le subjonctif ou l'indicatif.*

▸ Dans le cas d'un jugement moral, on emploie le subjonctif :
  *Je trouve normal que Caroline **veuille** quitter ses parents.*
  *Il est temps qu'elle **soit** indépendante.*
  *Les amies de Caroline estiment naturel qu'elle **prenne** une chambre en ville.*

▸ Dans le cas d'un jugement qui exprime une simple possibilité, on emploie le subjonctif :
  *Il est possible qu'il **fasse** beau demain.*
  *Il se peut que j'**aille** à la campagne.*

▸ Dans le cas d'un jugement qui exprime une certitude subjective, on emploie l'indicatif après des verbes comme *penser, croire, trouver, estimer, juger, avoir l'impression, deviner, supposer, compter, espérer, s'imaginer, sentir*, etc. :
  *Je crois que je **suis** capable de faire ce travail* (c'est plus qu'une possibilité, c'est presque une affirmation).
  *J'ai l'impression qu'elle ne **viendra** pas ce soir* (ce n'est qu'une impression, mais pour moi elle est réelle).
  *Je sens que je **vais** être malade* (je me prépare vraiment à être malade).

▶ Lorsque ces verbes sont à la forme négative ou interrogative (avec inversion du sujet), ils peuvent être suivis du subjonctif, mais l'usage admet l'indicatif. De même, on peut trouver le subjonctif après des verbes comme *imaginer, supposer* ou *espérer* à l'impératif :
Crois-tu que je sois (suis) capable de faire ce travail ?
Je ne compte pas qu'elle vienne (viendra) ce soir.
Espérons qu'elle connaisse la réponse.

> *Après certains verbes, on peut utiliser le subjonctif et l'indicatif.*

▶ Selon le degré de certitude ou de doute :
Il est peu probable qu'elle vienne ce soir (doute : subjonctif).
Il est fort probable qu'elle ne viendra pas (plus ou moins grande certitude : indicatif).
Il est très vraisemblable qu'il va encore échouer à son examen.
Il serait invraisemblable / peu vraisemblable qu'il réussisse.

▶ Selon la construction du verbe :
Il semble que ce professeur soit excellent (on me l'a dit, mais je n'en suis pas sûr).
Il me semble que ce professeur est totalement incompétent (c'est ce que je crois personnellement).
Je doute qu'il soit d'accord (je n'en suis pas sûr du tout).
Je me doute qu'il va refuser (j'en suis presque sûr).

▶ Des verbes de déclaration suivis de l'indicatif comme *dire*, *répondre* ou *écrire* deviennent des verbes de commande suivis du subjonctif. D'autres, comme *admettre* ou *comprendre*, changent de sens selon qu'ils sont suivis de l'indicatif ou du subjonctif :
Il dit qu'il viendra demain (affirmation).
Dis-lui qu'il soit là à 8 heures (commande).
Je lui ai écrit que j'arrivais (affirmation) *la semaine prochaine et qu'il fasse* (commande) *la réservation à l'hôtel.*
J'admets (je tolère) *que mon fils de 15 ans sorte le soir avec ses amis, mais pas qu'il revienne après minuit. Admettez* (reconnaissez) *que j'ai raison.*
J'ai bien compris (je me suis bien rendu compte) *que tu n'as pas aimé le film, je comprends très bien* (je trouve naturel) *que ce film ne puisse pas plaire à tout le monde.*

> *Après certaines expressions, l'usage impose le subjonctif ou l'indicatif.*

▸ L'emploi du mode suit les règles grammaticales lorsque le verbe impersonnel *être* est omis :
Dommage qu'il soit malade ! (il est dommage qu'il soit malade !)
Sûr et certain qu'elle a oublié le rendez-vous ! (il est sûr et certain qu'elle a oublié le rendez-vous !)

▸ L'emploi du mode peut sembler illogique dans d'autres cas :
Nul doute que ce soit vrai (après la certitude, on attendrait l'indicatif).
Peut-être que tu as raison (après la simple possibilité, on attendrait le subjonctif).
Heureusement qu'il fait beau (après le sentiment, on attendrait le subjonctif).
Autant que je te le dise ! (il est préférable que je te le dise, le subjonctif est justifié).

LE SUBJONCTIF PASSÉ

> *Dans des propositions subordonnées introduites par* **que**, *le subjonctif passé exprime l'antériorité.*

▸ L'action de la subordonnée a lieu avant l'action de la principale dont le verbe peut être au présent :
Je suis content qu'il ait réussi son examen.

À un temps du passé :
Quand j'ai appris la nouvelle, j'étais content qu'il ait réussi son examen.

Au futur :
Il a écrit la bonne nouvelle à ses parents. Quand ils recevront sa lettre, ils seront heureux qu'il ait réussi l'examen.

> *Dans les autres propositions subordonnées, le subjonctif passé exprime un passé. S'il y a antériorité, elle est indiquée par la différence de temps entre la subordonnée et la principale.*

▸ Dans les propositions subordonnées circonstancielles (particulièrement de concession) :
Bien qu'il ait pris un copieux petit déjeuner, il a encore faim (antériorité en raison du présent dans la principale et du passé dans la subordonnée).

Bien qu'elle lui ait souri toute la soirée, il ne lui a pas adressé la parole (pas d'antériorité, les deux verbes sont au passé).

Lorsque le subjonctif passé exprime un passé dans le futur, il peut être remplacé par un subjonctif présent :
J'aurai fini avant que tu sois revenu (j'aurai fini avant que tu reviennes).

▸ Dans les phrases relatives, le subjonctif passé exprime une idée de doute, une hypothèse au passé :
Si j'avais eu un professeur qui ait su m'expliquer la grammaire (passé sans antériorité), *j'aurais fait plus facilement des progrès.*
Y a-t-il dans la classe quelqu'un qui ait visité le Mont-Saint-Michel ?
(passé avec antériorité : le verbe de la proposition principale est au présent).

Le subjonctif passé peut être remplacé par le conditionnel passé (cf. Le conditionnel passé).
Y a-t-il dans la classe quelqu'un qui aurait visité le Mont-Saint-Michel ?

Lorsque le subjonctif passé exprime une opinion subjective, il peut être remplacé par le subjonctif présent :
Je n'ai pas trouvé dans cette librairie un seul livre qui m'ait plu (qui me plaise).

Le subjonctif passé peut exprimer l'impératif.

▸ Particulièrement pour les 3ᵉ personnes du singulier et du pluriel. Il est accompagné d'un complément de temps :
Qu'ils aient terminé ce travail avant la fin du mois.
Que ce devoir soit fait pour demain !

▸ Au style indirect, le subjonctif passé peut remplacer l'impératif passé (cf. Le style indirect) :
« Sois rentrée avant minuit », lui a demandé son père.
→ Son père lui a demandé qu'elle soit rentrée avant minuit.

Le subjonctif imparfait s'utilise (rarement) à l'écrit et seulement dans un registre soutenu. Il peut remplacer le subjonctif présent.

▸ Dans une subordonnée introduite par *que* lorsque le verbe de la proposition principale est à un temps du passé (cf. **La concordance des temps**). Il exprime alors la simultanéité ou la postériorité dans le passé :
Julien trouva naturel que Mathilde l'invitât (français standard : *Julien a trouvé naturel que Mathilde l'invite*).
« *Que vouliez-vous qu'il fît ? » – « Qu'il mourût … »* (français standard : « *Que vouliez-vous qu'il fasse ? » – « Qu'il meure… »).* (Corneille)

Cependant, lorsque le verbe principal est au mode conditionnel, le subjonctif imparfait apporte une nuance :
J'aimerais qu'elle soit là (elle n'est pas là, mais il existe une possibilité qu'elle arrive).
J'aimerais qu'elle fût là (il est impossible qu'elle arrive).

▸ Au style indirect, le subjonctif imparfait peut remplacer le subjonctif présent (forme littéraire) lorsque le discours rapporté est au passé (cf. **Le style indirect**).

Si le verbe au style direct est au subjonctif présent :
Il a affirmé : « Je ne crois pas que Balzac soit supérieur à Victor Hugo » (style direct).
→ *Il a affirmé qu'il ne croyait pas que Balzac soit supérieur à Victor Hugo* (style indirect standard).
→ *Il affirma qu'il ne croyait pas que Balzac fût supérieur à Victor Hugo* (style indirect littéraire).

Si le verbe au style direct est à l'impératif présent :
Le directeur a demandé aux ingénieurs : « Faites des projets » (style direct).
→ *Le directeur a demandé aux ingénieurs qu'ils fassent des projets* (style indirect standard).
→ *Le directeur demanda aux ingénieurs qu'ils fissent des projets* (style indirect littéraire).

▸ Le subjonctif imparfait est aussi possible dans des subordonnées circonstancielles (particulièrement de concession) :
Elle avait 40 ans, bien qu'elle parût plus jeune.

Il est impossible ici de transformer le subjonctif imparfait en subjonctif présent (**bien qu'elle paraisse**). Un subjonctif passé serait éventuellement

possible, mais à l'oral, l'usage privilégie l'imparfait de l'indicatif (qui n'est pourtant pas admis par la grammaire après *bien que*) :
Elle avait 40 ans, bien qu'elle ait paru plus jeune.
Elle avait 40 ans, bien qu'elle paraissait plus jeune.

> *Le subjonctif imparfait peut exprimer l'hypothèse ou la concession (style littéraire). Il remplace le conditionnel présent (avec inversion du pronom sujet) ou la construction « si + imparfait ».*

▸ Dans une proposition subordonnée de condition (conditionnel présent ou « *si + imparfait* ») :
Eussiez-vous de l'argent (auriez-vous de l'argent (que) / si vous aviez de l'argent), *vous pourriez acheter ce domaine.*

▸ Dans une proposition subordonnée de concession (conditionnel présent ou « *même si + imparfait* ») :
Fût-elle la plus belle fille du monde (serait-elle la plus belle fille du monde / même si elle était la plus belle fille du monde), *Laurent ne la regarderait même pas, il ne pense qu'à ses études.*
Lorsque le subjonctif imparfait est à la 1re personne du singulier (forme très littéraire), le *e* final se transforme en *é* : *dussé*-je, *pussé*-je, *eussé*-je, etc.

LE SUBJONCTIF PLUS-QUE-PARFAIT

> *Comme le subjonctif imparfait, le subjonctif plus-que-parfait ne s'utilise qu'à l'écrit et seulement dans un registre soutenu. Il peut remplacer le subjonctif passé.*

▸ Dans une proposition subordonnée introduite par *que* lorsque le verbe de la proposition principale est à un temps du passé (cf. **La concordance des temps**). Il exprime alors l'antériorité :
Elle était ravie que son mari fût devenu ambassadeur. (style soutenu à l'écrit)
Elle était ravie que son mari soit devenu ambassadeur. (français standard)

▸ Dans une proposition subordonnée circonstancielle lorsque le verbe de la proposition principale est à un temps du passé :
Bien qu'il eût longtemps habité dans ce pays, il n'en avait pas appris la langue.

▶ Au style indirect, le subjonctif plus-que-parfait (forme littéraire) peut remplacer le subjonctif passé lorsque le discours rapporté est au passé (cf. Le style indirect).

– Si le verbe au style direct est au subjonctif passé :
Elle lui a confié : « Je suis folle de joie que l'éditeur ait accepté mon manuscrit. »
➜ *Elle lui a confié qu'elle était folle de joie que l'éditeur ait accepté son manuscrit.* (français standard)
➜ *Elle lui confia qu'elle était folle de joie que l'éditeur eût accepté son manuscrit.* (français littéraire)

– Si le verbe au style direct est à l'impératif passé :
L'éditeur a demandé : « Ayez terminé cette traduction pour le mois de juin. »
➜ *L'éditeur a demandé qu'elle ait terminé cette traduction pour le mois de juin.* (français standard)
➜ *L'éditeur demanda qu'elle eût terminé cette traduction pour le mois de juin.* (français littéraire)

Le subjonctif plus-que-parfait peut remplacer le conditionnel passé.
Il est alors appelé conditionnel passé deuxième forme.

▶ Cet emploi apparaît principalement à la forme interrogative ou avant une proposition subordonnée introduite par *que* :
Qui l'eût cru ? (qui l'aurait cru ?)
Il eût préféré qu'elle ne vînt pas (il aurait préféré qu'elle ne vienne pas).

▶ Le conditionnel passé deuxième forme peut aussi, avec inversion du pronom sujet, remplacer la construction « *(même) si* + plus-que parfait » ou le conditionnel passé (avec ou sans *que* entre les propositions) :
Fussent-ils arrivés plus tôt (s'ils étaient arrivés plus tôt/seraient-ils arrivés plus tôt), *ils auraient rencontré cet écrivain célèbre.*

L'infinitif

L'infinitif présent peut être sujet ou complément (d'un verbe, d'un nom ou d'un adjectif).

▸ Sujet, attribut du sujet ou précédé de *voici* :
Fumer n'est pas autorisé dans l'établissement.
Pour moi, les vacances, c'est rester allongé sur la plage toute la journée.
Vous ne semblez pas être en bonne santé.
Voici venir l'hiver.

▸ Complément d'un verbe. Ce complément peut être direct, particulièrement avec des verbes de mouvement comme *aller*, *sortir*, *venir*, ou des verbes comme *devoir*, *pouvoir*, *savoir*, etc. Il peut aussi être indirect avec des verbes qui demandent une préposition (*de* ou *à*) devant le complément : *finir **de**, commencer **à*** :
*Patrick peut **communiquer** avec Bruce.*
*Patrick sait **parler** anglais.*
*Il a commencé à **apprendre** l'anglais quand il avait 10 ans.*
Le verbe « *aller* + infinitif » peut exprimer le futur proche :
Il va pleuvoir (cf. Le futur proche).
Le verbe « *venir de* + infinitif » exprime le passé proche :
Jacques vient de partir (cf. Le présent).

▸ Complément de nom ou d'adjectif. Cette construction est fréquente avec des expressions comme *avoir besoin de*, *avoir peur de*, *avoir envie de*, *être fier de*, *être heureux de*, *être content de*, *être triste de*, *être en train de*, etc. :
*Mme Lanoux a besoin de **changer** de voiture, elle a envie d'**acheter** une voiture italienne.*
*Son désir de **changer** de voiture est plus fort que sa peur de **dépenser** trop d'argent.*
*Elle sera heureuse de **partir** en vacances avec une nouvelle voiture.*
L'infinitif présent est aussi possible comme complément de nom dans des mots composés : machine à *coudre*, machine à *laver*, machine à *écrire*, etc., ou complément de préposition : *au lieu de*, *à force de*, etc. :
*Au lieu d'**acheter** une nouvelle voiture, elle a commandé une machine à laver.*

> L'infinitif présent complément d'un verbe peut remplacer la construction « **que** + *subjonctif ou indicatif* ».

▶ Lorsque le sujet des deux verbes est le même, l'infinitif présent remplace obligatoirement « *que* + subjonctif ». Il exprime alors la simultanéité ou la postériorité :
Elle veut téléphoner à ses parents (simultanéité).
Désirez-vous boire un café ? (simultanéité).
Aimeriez-vous passer vos vacances en Bretagne ? (postériorité).

Après des verbes impersonnels, l'infinitif est possible, même si les deux sujets ne sont pas identiques :
Il faut partir (il faut que tu partes, que nous partions…).

▶ Lorsque le sujet des deux verbes est le même, l'infinitif présent peut remplacer (mais ce n'est pas obligatoire) « *que* + indicatif ». Il exprime alors la simultanéité ou la postériorité :
Je croyais avoir raison (simultanéité).
Elle espère avoir bientôt une promotion (postériorité).

Les phrases « Je croyais que j'avais raison » et « Elle espère qu'elle aura bientôt une promotion » sont possibles.

▶ Après certains verbes (comme *apercevoir, écouter, entendre, envoyer, regarder, voir, sentir*, etc.), l'infinitif présent peut remplacer « *que* + indicatif » si le complément d'objet de la principale est le sujet de la subordonnée :
Les vaches regardent passer le train (les vaches regardent le train qui passe).
Ce matin, j'ai entendu les oiseaux chanter à 5 heures.
Elle a envoyé son fils chercher du pain à la boulangerie.

L'infinitif présent sans complément d'objet peut être placé avant ou après son sujet :
Les vaches regardent passer le train / les vaches regardent le train passer.

Lorsque l'infinitif présent a un complément d'objet direct, il se place après son sujet et avant le complément :
J'entends ma voisine chanter / j'entends chanter ma voisine / J'entends ma voisine chanter une chanson.

Lorsque le sujet de l'infinitif est un pronom, il se place avant le verbe conjugué :
J'entends chanter ma voisine / Je l'entends chanter.

▸ Obligatoirement dans des subordonnées de but, après *pour, afin que / de, de manière que / à, de façon que / à*, etc., lorsque les deux verbes ont le même sujet :
Il a économisé de l'argent pour (afin de) s'acheter une voiture.
Je suis venu en avance de façon à (de manière à) avoir une bonne place.

▸ Cette construction n'est pas obligatoire après *avant que / de* (temps), *à condition que / de, à moins que / de* (condition / hypothèse), *sous prétexte que / de* (cause), *sans* (conséquence), etc., lorsque les deux verbes ont le même sujet :
Avant de partir, je dois encore vérifier quelque chose (avant que je parte, je dois encore vérifier quelque chose).
Il ne pourra jamais finir ce travail à temps, à moins de se faire aider par des amis (à moins qu'il ne se fasse aider par des amis).

▸ Dans des phrases exclamatives, l'infinitif présent exprime le souhait, l'étonnement ou la désapprobation :
Ah, être riche et faire le tour du monde ! (j'aimerais être riche et faire le tour du monde)
Toi ! Avoir un château ! (je n'arrive pas à le croire)
Me dire cela devant mes amis ! (tu exagères)

▸ Dans les phrases interrogatives, il exprime l'indécision :
Que faire ? À qui m'adresser ?
Où aller ? Par où commencer ?
À quoi bon vivre ? Être ou ne pas être ?

Ces phrases interrogatives peuvent être transformées en phrases relatives (toujours avec infinitif) :
Je cherche quelqu'un à qui m'adresser. Je ne sais pas où aller.

▸ Dans un récit (on l'appelle alors l'infinitif de narration). Cette forme littéraire s'utilise précédée de la préposition *de*. Elle remplace généralement un temps du passé.
« Grenouilles aussitôt de sauter dans les ondes » (La Fontaine).
Et Victor Hugo de partir en exil (Victor Hugo est parti / partit en exil).

> *L'infinitif présent peut exprimer l'impératif.*

▸ Dans des consignes, des recettes, des modes d'emploi :
Ne pas marcher sur les pelouses.
Mettre les nouilles dans l'eau bouillante salée. Laisser bouillir un quart d'heure.
L'impératif présent est aussi possible (cf. L'impératif présent).

▸ Au style indirect, l'infinitif présent peut remplacer l'impératif présent. Il est alors précédé de la préposition *de* (cf. Le style indirect) :
L'entraîneur a demandé à ses joueurs : « Reposez-vous ce soir et soyez en forme demain. »
→ *L'entraîneur a demandé à ses joueurs de bien se reposer et d'être en forme le lendemain.*
Sans la préposition *de*, l'infinitif peut remplacer l'indicatif lorsque les deux verbes ont le même sujet (cette construction n'est pas obligatoire) :
Il m'a dit : « Je chante juste. » → *Il m'a dit chanter juste / Il m'a dit qu'il chantait juste.*
Il m'a dit : « Chante juste. » → *Il m'a dit de chanter juste.*

L'INFINITIF PASSÉ

> *L'infinitif passé exprime l'antériorité.*

▸ Lorsqu'il est sujet ou complément (d'un verbe, d'un nom, d'un adjectif) :
Avoir trouvé un trèfle à quatre feuilles lui a porté chance.
Tu n'as pas peur d'avoir répondu une bêtise ? Car tu ne sembles pas avoir lu ce livre.
On ne peut pas être et avoir été.

▸ Lorsqu'il remplace la construction « *que* + subjonctif ou indicatif » (même règle qu'avec l'infinitif présent) :
Luc espérait avoir réussi.
Je pense avoir compris.
Elle trouve normal d'avoir reçu une invitation.

▸ Lorsqu'il remplace le subjonctif dans des subordonnées circonstancielles (même règle qu'avec l'infinitif présent) :
Tu ne partiras pas avant d'avoir rangé ta chambre.

On pourra envoyer le dossier ce soir à condition de l'avoir fini à temps.
J'ai dû partir sans avoir eu la possibilité de m'expliquer.

« *Après que* + indicatif » (ou + subjonctif en français oral) peut être remplacé par « *après* + infinitif passé » (l'infinitif présent est impossible) si les deux verbes ont le même sujet :
Après avoir bu son café, il a lu son journal.

L'infinitif passé peut être le seul verbe de la phrase.

▶ Dans une phrase exclamative, il exprime le regret, la surprise ou la désapprobation :
Lui ! Avoir invité ma copine au concert pendant mon absence !
(incroyable)
M'avoir fait cela à moi ! (détestable)
Avoir cru que c'était un ami ! (regrettable)

L'infinitif passé exprime l'impératif passé.

▶ Au style indirect, l'infinitif présent peut remplacer l'impératif passé. Il est alors précédé de la préposition *de* (cf. **Le style indirect**) :
Elle lui a dit : « Sois rentré avant minuit ! »
→ *Elle lui a dit d'être rentré avant minuit.*

Le participe

Participe présent ou adjectif verbal ?

▸ Le participe présent exprime une action et l'adjectif verbal un état plus ou moins permanent :
Une femme souriant à son enfant (participe présent : elle sourit à un moment précis).
Une femme souriante (adjectif verbal : elle sourit toujours).

▸ L'adjectif verbal s'accorde avec le nom ; le participe présent est invariable.
À la nuit tombante, j'ai vu une étoile filante (adjectifs verbaux).
Sortant de chez elle, elle a vu ses enfants se battant dans le jardin (participes présents).

▸ Le participe présent ne s'emploie généralement pas seul, mais accompagné d'un complément, d'un adverbe, d'une négation. L'adjectif verbal s'emploie souvent seul comme épithète ou attribut du nom :
C'est une femme aimant ses enfants, s'occupant bien d'eux, n'ayant d'autres soucis que leur bien-être (participes présents).
Cette femme amusante est charmante (adjectifs verbaux).

Cependant, le participe présent peut s'employer seul et l'adjectif verbal avoir un complément :
Nous avons passé une soirée tranquille, moi étudiant et elle lisant (participe présent).
Cette actrice était étonnante de naturel (adjectif verbal).

Les deux formes peuvent avoir un adverbe, il précède l'adjectif verbal et suit le participe présent :
Une vieille dame encore charmante / Une vieille dame charmant encore.

▸ Participe présent et adjectif verbal ont généralement la même forme. Elles peuvent être différentes dans quelques verbes comme *savoir* et *pouvoir* (*sachant*, participe présent / *savant*, adjectif verbal ; *pouvant*, participe présent / *puissant*, adjectif verbal), ou avoir une orthographe différente comme par exemple *intriguant*, participe présent / *intrigant*, adjectif verbal. Principaux verbes ayant une orthographe différente :

Participe présent	Adjectif verbal
communiquant	communicant
convainquant	convaincant
déléguant	délégant
différant	différent
divergeant	divergent
équivalant	équivalent
excellant	excellent
extravaguant	extravagant
fatiguant	fatigant
influant	influent
naviguant	navigant
négligeant	négligent
précédant	précédent
provoquant	provocant
suffoquant	suffocant
violant	violent

*Pour Molière, une femme **sachant** le grec était une femme **savante**.*
*Les propos qu'il a tenus étaient très **provocants**.*
*Il est arrivé en retard, **provoquant** ainsi la colère de ses amis.*

Participe présent et gérondif.

▸ Le gérondif est le participe présent précédé de *en*. Participe présent et gérondif sont invariables, mais le gérondif peut s'employer seul alors que le participe présent a généralement un complément :
En arrivant, la secrétaire a vu qu'il y avait du courrier (le participe présent n'est pas possible).
En arrivant au bureau / Arrivant au bureau, la secrétaire a vu qu'elle avait du courrier (les deux formes sont possibles).

▸ Le sujet du gérondif est le sujet de la phrase principale :
En faisant des courses, Pierre a rencontré Marie (c'est Pierre qui fait des courses).
Pierre a rencontré Marie en faisant des courses (c'est toujours Pierre qui fait des courses).

Quelquefois, le sujet de la phrase ne peut pas être le sujet du gérondif, par exemple dans des proverbes comme :
La fortune vient en dormant, l'appétit vient en mangeant (le sujet des deux gérondifs est ici l'indéfini « on »).

▶ Le sujet du participe présent est le nom ou le pronom le plus proche :
Pierre a rencontré Marie faisant des courses / Pierre l'a rencontrée faisant des courses (Marie fait des courses).
Faisant des courses, Pierre a rencontré Marie (Pierre fait des courses).

Il faut bien sûr que le nom (ou le pronom) le plus proche puisse être le sujet du participe présent :
Marie a fait un vœu, espérant qu'il se réalisera (le sujet est bien sûr Marie et non le vœu).

▶ Lorsque le gérondif et le participe présent sont en début de phrase (suivis d'un complément), ils peuvent parfois s'employer indifféremment :
En rentrant chez moi, j'ai vu que j'avais du courrier.
Rentrant chez moi, j'ai vu que j'avais du courrier.

Le participe présent exprime :

▶ La simultanéité, indépendamment du temps du verbe de la principale :
Pierre rencontre Marie faisant des courses (quand elle fait des courses).
Pierre a rencontré Marie faisant des courses (quand elle faisait des courses).
Pierre rencontrera Marie faisant des courses (quand elle fera des courses).

▶ La cause :
La boulangerie étant fermée, je n'ai pas pu acheter du pain (comme la boulangerie était fermée).
Le 1er mai tombant un mardi, il n'y aura pas de cours lundi à cause du pont (puisque le 1er mai tombe un lundi).

▶ La concession, après *bien que* ou *quoique* :
Bien qu'étant malade, il est venu en cours.
Quoique n'ayant pas le niveau, il s'est inscrit au cours supérieur.

Le gérondif exprime :

▶ La simultanéité, indépendamment du verbe de la principale :
Je lui ai téléphoné en partant, je lui téléphonerai en arrivant.

« *Tout* + gérondif » insiste sur l'idée de durée :
Tout en marchant, il réfléchissait.

Le gérondif exprime aussi le cadre de l'action :
Il parle en dormant (pendant qu'il dort, il parle).

▶ La cause :
En roulant trop vite, il a eu un accident (il a eu un accident parce qu'il roulait trop vite).

Le participe présent est aussi possible, mais il n'exprimerait pas obligatoirement la cause :
Roulant trop vite, il a eu un accident (il a eu un accident parce qu'il roulait trop vite / pendant qu'il roulait trop vite, il a eu un accident).

▶ La condition :
Tu aurais eu ton train en partant plus tôt (tu aurais eu ton train si tu étais parti plus tôt).

Si le gérondif est en début de phrase, il peut être remplacé par un participe présent :
En partant plus tôt, tu aurais eu ton train / Partant plus tôt, tu aurais eu ton train.

▶ La manière, le moyen :
Elle a fait ce gâteau en suivant la recette que je lui ai donnée.
Il a appris la nouvelle en lisant le journal.

▶ La concession, particulièrement avec *tout* ou *même* :
Tout en sachant qu'elle ne viendrait pas, il l'a invitée à le rejoindre à cette fête.
Même en lui expliquant plusieurs fois, il ne comprend rien.

Le passé du participe présent.

▶ Le participe présent a un passé qui se forme avec l'auxiliaire « *être* ou *avoir* + participe passé » (avec l'auxiliaire *être*, le participe passé s'accorde avec son sujet). Il exprime l'antériorité :
Ayant étudié le français pendant trois ans, il le parle maintenant couramment.
Étant arrivés en avance, ils ont pu facilement trouver des places.

L'auxiliaire *être* est souvent supprimé :
Arrivés en avance, ils ont pu facilement trouver des places.

▶ Cette forme au passé a les mêmes emplois que le participe présent
(cause, concession, condition, etc.) :
Ayant pris froid, elle est malade (cause).
*Bien qu'ayant déjà vu le film la semaine dernière, elle serait d'accord
pour le revoir* (concession).

Il est possible d'avoir un gérondif passé :
*Tout en n'ayant jamais suivi un cours de français, Tomohiro parle cette langue
correctement.*

LE PARTICIPE PASSÉ

*Le participe passé employé seul s'accorde avec son sujet et peut remplacer
le participe présent.*

▶ Le participe présent au passé avec l'auxiliaire *être* (cf. **Le participe
présent**) :
Née en Autriche (étant née), *elle a appris l'allemand très jeune.*
Restés chez eux pendant les vacances (étant restés chez eux pendant les
vacances), *mes parents en ont profité pour rénover leur appartement.*

▶ Le participe présent au passif :
Envoyée faire des courses par sa mère (ayant été envoyée faire des
courses par sa mère), *la petite fille n'a pas pu regarder son émission
préférée à la télévision.*
Renversé par une voiture (ayant été renversé par une voiture), *Serge
a passé deux semaines à l'hôpital.*

*Le participe passé employé seul s'accorde avec son sujet et peut remplacer
un temps composé (avec auxiliaire « être ») ou un passif.*

▶ Dans une subordonnée relative :
As-tu lu ces articles écrits (qui sont écrits / qui ont été écrits) *par un
philosophe espagnol ?*
« Le lion devenu vieux » est une fable de La Fontaine (le lion qui est
devenu vieux).

Le participe passé peut éventuellement remplacer un subjonctif présent :
Il était toujours le premier arrivé (qui arrive) *et le dernier parti* (qui parte).

▸ Dans une subordonnée de temps introduite par *aussitôt, sitôt, une fois* :
*Aussitôt **sortie** de l'université* (aussitôt qu'elle sera sortie), *elle trouvera facilement un travail.*
*Une fois votre leçon **apprise*** (une fois que votre leçon sera apprise / aura été apprise), *vous pourrez aller jouer, les enfants.*

▸ Dans une subordonnée de concession introduite par *bien que, quoique* :
*Bien qu'**admiré** par de nombreux critiques* (bien qu'il ait été admiré par de nombreux critiques), *ce film a connu un échec commercial.*
*Quoique **partie** en vacances avec suffisamment d'argent* (quoiqu'elle soit partie en vacances avec suffisamment d'argent), *elle s'inquiète pour son budget.*

Le participe passé peut aussi être remplacé par un participe présent au passé :
*Bien qu'**étant partie** en vacances avec suffisamment d'argent.* (cf. Le participe présent)

L'ACCORD DU PARTICIPE PASSÉ

L'accord du participe passé employé sans auxiliaire.

▸ Lorsque le participe passé est employé seul, il s'accorde en genre et en nombre (comme un adjectif) avec le nom auquel il se rapporte :
*Après une année **passée** à travailler, Dora voudrait se reposer et partir très loin.*
*Malheureusement, les agences de voyages **consultées** n'avaient plus de vols libres.*

▸ Certains participes passés restent invariables quand ils sont placés avant le nom auquel ils se rapportent : *excepté, vu, ci-joint*, etc. :
Excepté trois jours à la campagne, Dora n'a pas pris de vacances cette année.
Vu les circonstances, elle n'a pas pu partir en voyage.

Ils s'accordent généralement s'ils sont placés après le nom :
Les trois jours à la campagne exceptés.

▸ Il peut y avoir hésitation dans le cas d'un participe passé lorsque son sujet est collectif. On accorde souvent au pluriel, mais le singulier est parfois possible.
*Il n'a pas été possible à une grande partie des clients **venus** / **venue** à l'agence de voyages de trouver un vol.*
*La plupart des vols **prévus** ont été annulés* (pluriel obligatoire).

▶ Le participe passé avec l'auxiliaire *être* s'accorde avec le sujet en genre et en nombre
Tous les amis de Dora sont partis en avances. Elle est restée seule.
Sylvie et Alice sont revenues ce matin de voyage, elles sont passées voir Dora.

▶ Le pronom ne donne pas toujours assez d'informations. L'accord se fait avec le sujet réel :
– Où êtes-vous allées ? demande Dora. – Nous sommes allées en Grèce, répond Sylvie.
– On est arrivées ce matin, ajoute Alice. – Et moi, je suis restée là, dit Dora.

Avec *nous*, l'accord peut quelquefois se faire au singulier.
Nous sommes née pour régner (une reine).
Nous sommes arrivé à la conclusion que ... (l'auteur d'un écrit universitaire).

L'accord du participe passé avec l'auxiliaire « avoir ».

▶ Si le complément d'objet direct est placé après le verbe, le participe passé reste invariable :
Alice et Sylvie ont passé leurs vacances en Grèce.
Elles ont fait une croisière.

▶ Si le complément d'objet direct (nom ou pronom) est placé avant le verbe, le participe passé s'accorde en genre et en nombre avec le complément d'objet direct :
Les gens qu'elles ont rencontrés pendant leurs vacances étaient très sympathiques (l'accord se fait avec « les gens »).
Elles ont beaucoup aimé les îles qu'elles ont visitées (l'accord se fait avec « les îles »).

▶ Le pronom complément d'objet ne donne pas toujours toutes les informations. Il faut savoir qui il représente pour pouvoir accorder le participe. Il n'y a normalement pas d'accord avec le pronom complément *en*.
– Sylvie t'a prise en photo ? – Oui, elle m'a photographiée devant l'Acropole, répond Alice.

– *Il y a de bonnes pâtisseries en Grèce. Vous en avez goûté ?*

Le pronom *en* s'accorde lorsqu'il est complément d'un adverbe de quantité :
Tu as rapporté beaucoup de souvenirs. Combien en as-tu achetés ?

▶ Le participe passé est invariable avec des verbes impersonnels et si le complément exprime une idée de quantité avec des verbes comme *peser, coûter, courir, valoir*, etc.
La chaleur qu'il a fait en Grèce était parfois désagréable.
Alice ne regrette pas les trente euros que lui a coûté ce collier.

▶ Certains participes comme *dû, pu, voulu*, etc., peuvent rester invariables s'ils ont un complément infinitif sous-entendu :
Sylvie a mangé toutes les pâtisseries qu'elle pu (manger).
Alice n'a pas fait tous les efforts qu'elle aurait dû (faire) *pour apprendre quelques mots de grec.*

L'accord du participe passé avec les verbes pronominaux.

▶ Les verbes pronominaux se construisent avec l'auxiliaire *être*.
Le participe passé des verbes toujours pronominaux, comme *s'absenter, s'enfuir, s'évanouir, se méfier, se souvenir*, etc., s'accorde avec le sujet :
Un jour, il a fait si chaud que Sylvie s'est évanouie.
Alice et Sylvie se sont brusquement souvenues qu'elles avaient un cadeau pour Dora.

▶ Un verbe devient pronominal si le complément d'objet direct ou le complément d'objet indirect et le sujet sont identiques. On ne peut pas dire « Dora lave Dora », mais « Dora se lave ». Avec ces verbes accidentellement pronominaux, le participe passé d'un verbe transitif s'accorde avec le pronom complément si celui-ci fait fonction de complément d'objet direct. Dans la phrase « Dora s'est lavée », « s' » fait fonction de complément d'objet direct.
Quand elles sont arrivées, Dora s'est précipitée vers ses amies. Elles se sont embrassées.
En Grèce, Sylvie s'est beaucoup promenée et Alice s'est bien amusée dans les bars.

▶ Le participe passé d'un verbe pronominal intransitif reste invariable :
Elles se sont souri (sourire à quelqu'un). *Les trois amies se sont beaucoup parlé* (parler à quelqu'un), *elles se sont promis* (promettre à quelqu'un) *de se revoir bientôt.*

Il reste aussi invariable si un verbe pronominal transitif a un vrai complément d'objet direct :
Quand elle a su que ses amies venaient, Dora s'est lavé les cheveux (« se » fait ici fonction de complément d'objet indirect : laver les cheveux à quelqu'un).

Mais si le COD est placé avant le verbe pronominal, c'est alors la règle de l'accord du participe passé avec l'auxiliaire *avoir* :
Tes cheveux sont magnifiques, remarque Sylvie. Tu te les es lavés ? (« les » est le complément d'objet direct).

▶ Il existe des verbes pronominaux à sens passif (cf. **La voix passive**). Dans ce cas, le participe passé s'accorde avec le sujet :
Les séjours en Grèce se sont très bien vendus cette année.

Le participe passé suivi d'un infinitif.

▶ Pour qu'il y ait accord, il faut que le complément d'objet direct soit celui du participe passé et non celui de l'infinitif :
*La robe qu'elle aurait **voulu** acheter était trop chère* (« acheter une robe » et non « vouloir la robe »).
*La fille qu'elle a **vue** passer sur la plage ressemblait à une actrice connue* (elle a vu une fille qui passait).

Cette règle s'applique aussi si l'infinitif est précédé d'une préposition :
*Les garçons qu'elles ont **invités** à dîner étaient très sympathiques.*
*Elles vont envoyer les cartes postales qu'elles ont enfin **fini** d'écrire.*

▶ Le participe passé *fait* suivi d'un infinitif est toujours invariable.
Le participe passé *laissé* suivi d'un infinitif est invariable si le complément d'objet direct ne fait pas l'action de l'infinitif. Il s'accorde avec le complément d'objet direct si celui-ci fait l'action de l'infinitif.
*En Grèce, Alice s'est **fait** couper les cheveux.*
*Quand elle est revenue à l'hôtel, le portier ne l'a pas reconnue, il ne l'a pas **laissée** entrer* (il n'a pas laissé Alice entrer : Alice est le sujet de l'action « entrer »).

Sylvie, qu'Alice avait fait appeler, s'est laissé persuader de descendre à la réception (ce n'est pas Sylvie qui persuade).

La réforme de l'orthographe de 1990 recommande que le participe passé *laissé* suivi d'un infinitif reste invariable dans tous les cas.

▶ Le participe passé des verbes de perception (*entendu, écouté, vu, regardé, senti*) suivi d'un infinitif s'accorde avec le complément d'objet direct si celui-ci est le sujet de l'infinitif, sinon il reste invariable :
Alice a adoré la musique qu'elle a entendu jouer en Grèce (la musique n'est pas le sujet de l'action « jouer »).
Un soir, elle a rencontré des musiciens, elle les a écoutés jouer pendant des heures (les musiciens jouent).

La voix passive

Construction du passif.

▶ Une phrase active peut être transformée en phrase passive. Le complément d'objet direct actif devient le sujet passif, le sujet actif devient le complément d'agent, introduit par la préposition *par*. Le verbe de la phrase active se transforme en participe passé précédé du verbe *être* :
La violence de ce film choque les spectateurs. → *Les spectateurs sont choqués par la violence du film.*
Un metteur en scène polonais dirige les acteurs. → *Les acteurs sont dirigés par un metteur en scène polonais.*

▶ Le verbe *être* se met au temps et au mode de l'actif :
Un studio japonais a fait les effets spéciaux. → *Les effets spéciaux ont été faits par un studio japonais.*
Ce film effrayera certainement les enfants. → *Les enfants seront certainement effrayés par ce film.*
Je trouve étonnant que beaucoup de gens aient apprécié ce film.
→ *Je trouve étonnant que ce film ait été apprécié par beaucoup de gens.*
Avec les verbes *devoir, pouvoir, sembler, paraître* suivis de l'infinitif, la transformation est reportée sur l'infinitif :
Il est regrettable que des enfants puissent voir ce film. → *Il est regrettable que ce film puisse être vu par des enfants.*

▶ Pour pouvoir être transformé au passif, le verbe de l'actif doit avoir un complément d'objet direct. Le passif n'est pas possible avec des compléments de quantité (*courir deux kilomètres, valoir cent euros, peser soixante kilos, mesurer deux mètres,* etc.), avec des locutions verbales comme *faire l'imbécile, gagner sa vie, tuer le temps,* etc., ni avec certains verbes pourtant transitifs comme *avoir, posséder, comporter* :
Ce film comporte des scènes violentes / Ce film possède un certain charme (pas de passif).
La queue pour voir ce film mesurait une centaine de mètres (pas de passif).
Mais :
La critique n'a pas assez mesuré l'impact de ce film. → *L'impact de ce film n'a pas été assez mesuré par la critique.*

Certains verbes comme *comprendre, présenter, regarder* peuvent ou ne peuvent pas être mis au passif selon le sens (en général, il n'y a pas de passif au sens figuré) :

Le public ne comprend pas le film. → *Le film n'est pas compris par le public.*
Le film comprend des scènes d'horreur (pas de passif possible).
Hélène a présenté Jacques au réalisateur. → *Jacques a été présenté par Hélène au réalisateur.*
Le film présente peu d'intérêt (pas de passif possible).
Des milliers de gens ont regardé ce film. → *Ce film a été regardé par des milliers de gens.*
Les amours de l'actrice ne regardent pas la critique (pas de passif).

▸ Lorsque le sujet de la phrase active est un pronom, il n'y a normalement pas de transformation passive (on n'utilise généralement pas de pronom personnel après *par*). Cependant, un passif sans complément d'agent est possible lorsque le sujet actif est indéfini (le pronom *on*) :

On a primé ce film au festival de Cannes. → *Ce film a été primé au festival de Cannes.*

Dans ce cas, il ne faut pas confondre le participe passé passif avec un adjectif :

On a ouvert le cinéma à 13 heures. → *Le cinéma a été ouvert à 13 heures* (passif).
Le cinéma est ouvert (adjectif).

Avec le verbe *obéir* (qui pourtant n'a pas de complément d'objet direct), le passif peut se former sans complément d'agent :

Aujourd'hui, les enfants n'obéissent plus aux parents. → *Aujourd'hui, les parents ne sont plus obéis.*

Le complément d'agent.

▸ Le complément d'agent *par* est généralement remplacé par la préposition *de* avec des verbes de mouvement, de constitution, de décoration, lorsque le complément ne manifeste pas une volonté de faire l'action :

Le film a été suivi d'un débat.
L'avenue où se trouve le cinéma est bordée d'arbres.
La première partie du film est constituée de scènes comiques.
L'acteur a été décoré de la Légion d'honneur. Mais : *Il a été décoré par le président de la République.*

▶ Avec des verbes de connaissance ou de sentiments, on peut employer *de* ou *par* :
L'histoire que raconte ce film est connue par tout le monde / de tout le monde.
Le réalisateur est très aimé par ses acteurs / de ses acteurs.

Les emplois du passif.

▶ Le passif s'utilise surtout avec un sujet animé et un complément d'agent inanimé :
Le public a été surpris par le jeu des acteurs.
Le réalisateur a été séduit par le scénario.

La phrase suivante au passif serait inusitée en français :
Le petit garçon a mangé un bonbon.

▶ Le passif s'utilise pour mettre un élément en valeur en le plaçant en début de phrase (dans ce cas, le passif peut avoir un sujet inanimé) :
Ce jeune acteur a été applaudi par le jury, il a été récompensé par un oscar.
Deux films français seront présentés au Festival de Cannes.

▶ Il s'utilise aussi pour ne pas donner d'indications précises sur l'auteur de l'action :
Le film sera présenté au Festival de Berlin.
On ne sait pas encore s'il sera remarqué

LES VERBES PRONOMINAUX À SENS PASSIF

La forme pronominale sans complément d'agent.

▶ Lorsque la forme active dont le sujet est le pronom indéfini *on* exprime un usage général, le passif peut être transformé en forme pronominale (le temps du verbe pronominal est celui de la phrase à l'actif) :
On parle français au Québec. → *Le français est parlé au Québec.* → *Le français se parle au Québec.*
On fait les meilleurs films en Italie. → *Les meilleurs films sont faits en Italie.* → *Les meilleurs films se font en Italie.*

Il est possible de reporter le sens passif sur l'infinitif à la forme pronominale :
On peut apprendre cette langue facilement. → *Cette langue peut être apprise facilement.* → *Cette langue peut s'apprendre facilement.*

▸ Mais cet emploi n'est pas systématique. Il ne fonctionne pas avec tous les verbes, particulièrement avec les verbes de sentiments et en règle générale lorsqu'il peut y avoir ambiguïté. Il n'est pas possible dans ces cas avec un sujet animé :
Dans ce pays, on aime les touristes. → Dans ce pays, les touristes sont aimés.

Mais la phrase « *Dans ce pays, les touristes s'aiment* » signifie que les touristes s'aiment entre eux.

La forme pronominale avec infinitif.

▸ Avec les verbes « *se faire, se laisser* + infinitif », l'infinitif a un sens passif si on peut imaginer un complément d'agent :
Elle s'est fait couper les cheveux (par un coiffeur).
Elle s'est laissé embrasser (par un garçon).

▸ De même avec des verbes comme « *se voir, s'entendre, s'écouter* + infinitif ». Mais si le sujet de l'infinitif est le même que celui de la phrase, l'infinitif n'a pas de sens passif :
Les manifestants se sont vu interdire (par les policiers, les autorités) l'accès aux studios (sens passif).
Cet acteur ne s'était jamais vu jouer si mal (sens actif).

La concordance des temps

▸ Si le verbe de la proposition principale est au présent (de l'indicatif, du conditionnel, de l'impératif ou du subjonctif) ou au futur (de l'indicatif), le verbe de la subordonnée peut être à tous les temps de l'indicatif, du conditionnel ou du subjonctif pour exprimer l'antériorité, la simultanéité ou la postériorité :

- Antériorité :

Je pense que tu as eu tort, qu'il était possible de faire autrement, que tu aurais dû faire plus attention. Je me souviens que je t'avais prévenu. C'est dommage que tu ne m'aies pas écouté.

- Simultanéité :

Sache que ça pourrait être très grave. Qu'il soit bien clair que je ne t'approuve pas. Il faut absolument que tu sois plus responsable. Tu admettras que j'ai raison.

- Postériorité :

J'espère que tu ne recommenceras pas et que tu auras compris la leçon. Il serait regrettable que tu fasses encore la même erreur dans l'avenir. Je crois que je ne te le pardonnerais pas.

▸ Si le verbe de la principale est à un temps du passé, le verbe de la subordonnée est à l'imparfait ou au subjonctif présent pour exprimer l'idée de simultanéité, au plus-que-parfait ou au subjonctif passé pour exprimer l'idée d'antériorité, au conditionnel (présent ou passé) ou au subjonctif (présent ou passé) pour exprimer l'idée de postériorité :

- Antériorité :

Je ne savais pas qu'on t'avait raconté toute l'histoire. Tu as certainement été surpris que j'aie agi de cette façon.

- Simultanéité :

J'ai cru que c'était possible. Il aurait fallu que les circonstances soient différentes.

- Postériorité :

Je voulais que tu ne l'apprennes que plus tard. Il était peu probable qu'un mois plus tard, quelqu'un se soit souvenu de cette histoire.

*J'avais imaginé que les choses se **passeraient** autrement. Je croyais*
*que tu **aurais compris** mon attitude.*

Le conditionnel est dans ce cas un futur dans le passé, ce n'est plus le mode de l'éventualité, de l'hypothèse.

▸ En français écrit (langue soutenue), d'autres temps peuvent apparaître dans la subordonnée : le passé simple, le subjonctif imparfait et le subjonctif plus-que-parfait.

 • Le passé simple peut remplacer le plus-que-parfait :
*Il pensa que ce **fut** (ç'avait été) une belle erreur.*

 • Le subjonctif imparfait remplace le subjonctif présent :
*Il ne voulait pas qu'elle l'**apprît** (l'apprenne).*

 • Le subjonctif plus-que-parfait remplace le subjonctif passé :
*Il était regrettable qu'il **eût agi** (ait agi) de cette façon.*

LA CONCORDANCE DES TEMPS AVEC « SI »

▸ Si le verbe d'une subordonnée introduite par *si* est au présent (hypothèse ou condition possible dans le présent ou dans l'avenir), le verbe de la principale peut être :

 • Au présent :
*Si tu fais une fête demain, il **faut** m'inviter.*

 • Au futur :
*Si je suis invité, j'**apporterai** du champagne.*

 • Au conditionnel présent :
*Si ça ne pose pas de problèmes, j'**aimerais** venir avec une amie.*

 • À l'impératif :
*Si ça te gêne, **dis-le-moi** franchement.*

▸ Si le verbe d'une subordonnée introduite par *si* est au passé composé (hypothèse ou condition possible dans le passé), le verbe de la principale peut être :

 • Au présent :
*Si tu n'as pas aimé ce livre, c'**est** que tu es difficile.*

 • Au passé composé :
*Si tu as lu ce livre, tu **as dû** remarquer les illustrations d'époque.*

 • Au futur :
*Si tu as aimé cet auteur, tu **aimeras** ses autres livres.*

- Au futur antérieur :
*Si tu as commencé ce livre hier, tu **auras fini** demain.*
- Au conditionnel présent :
*Si tu as fini ce livre, **pourrais-tu** me le prêter ?*
- À l'impératif :
*Si tu as fini le livre, **prête-le-moi**.*

▶ Si le verbe d'une proposition subordonnée introduite par *si* est à l'imparfait (hypothèse ou condition possible ou irréelle dans le présent ou dans l'avenir), le verbe de la principale peut être :

- Au conditionnel présent (conséquence dans le présent ou dans l'avenir) :
*Si tu avais le temps, **pourrais-tu** m'aider demain à traduire ce texte ?*
*Si je parlais portugais, je le **ferais** moi-même.*

- Au conditionnel passé (conséquence dans le passé) :
*Si mon ami brésilien n'était pas en vacances, je ne t'**aurais pas demandé** ce service.*

Si l'imparfait dans la subordonnée n'exprime pas une condition mais un événement du passé (*si* a le sens de *quand*), le verbe de la principale est à l'imparfait :
*Si la traduction **était** urgente, mon ami brésilien **pouvait** traduire dix pages par jour.*

▶ Si le verbe d'une proposition subordonnée introduite par *si* est au plus-que-parfait (hypothèse ou condition irréelle dans le passé), le verbe de la principale peut être :

- Au conditionnel présent (conséquence dans le présent ou dans l'avenir) :
*Si j'avais appris le portugais, je **pourrais** faire cette traduction.*

- Au conditionnel passé (conséquence dans le passé) :
*S'il n'était pas parti en vacances, je lui **aurais demandé** de m'aider.*

LE STYLE INDIRECT

Le verbe introducteur n'est pas au passé.

▶ Si le verbe introducteur n'est pas au passé (s'il est au présent, au futur, au conditionnel présent ou à l'impératif), le temps du verbe au style indirect est le même qu'au style direct :
Thierry affirme : « J'ai raison. » → *Thierry affirme qu'il a raison.*
Sabine me demandera certainement : « M'as-tu rapporté mes livres ? »
→ *Sabine me demandera certainement si je lui ai rapporté ses livres.*

Je voudrais vous dire : « Vous m'avez beaucoup aidé. » ➔ *Je voudrais vous dire que vous m'avez beaucoup aidé.*
Dis-moi : « Viendras-tu ce soir ? » ➔ *Dis-moi si tu viendras ce soir.*

▶ L'impératif (présent ou passé) devient au style indirect l'infinitif (présent ou passé) précédé de la préposition *de* ou le subjonctif (présent ou passé) :
La mère demande à son fils : « Va te laver les mains ! » ➔ *La mère demande à son fils d'aller se laver les mains/qu'il aille se laver les mains.*
Le père ordonne à sa fille : « Sois rentrée avant minuit. » ➔ *Le père ordonne à sa fille d'être rentrée avant minuit/qu'elle soit rentrée avant minuit.*

Le verbe introducteur est au passé.

▶ Si le verbe introducteur est au passé, il peut y avoir un changement de temps.

Présent	Imparfait
Il a dit : « J'ai raison. »	*Il a dit qu'il avait raison*
Imparfait	Imparfait ou plus-que-parfait
Il a dit : « J'étais malade ce matin. »	*Il a dit qu'il était malade ce matin.*
Elle a dit : « J'avais tort. »	*Elle a dit qu'elle avait eu tort.*
Passé composé	Plus-que-parfait
Elle a dit : « J'ai lu ce livre. »	*Elle a dit qu'elle avait lu ce livre.*
Plus-que-parfait	Plus-que-parfait
Elle lui a dit : « Tu l'avais promis. »	*Elle lui a dit qu'il l'avait promis.*
Futur simple	Conditionnel présent.
Elle a affirmé : « Il ne pleuvra pas. »	*Elle a affirmé qu'il ne pleuvrait pas.*
Futur antérieur	Conditionnel passé
Elle m'a demandé :	*Elle m'a demandé si j'aurais bientôt*
« Auras-tu bientôt fini ? »	*fini.*
Conditionnel présent	Conditionnel présent
Il a dit : « Il faudrait changer	*Il a dit qu'il faudrait changer*
de voiture. »	*de voiture.*
Conditionnel passé	Conditionnel passé
Elle a dit : « Je n'aurais jamais dû	*Elle a dit qu'elle n'aurait jamais dû*
l'écouter. »	*l'écouter.*

▸ Le présent est possible au style indirect à la place de l'imparfait s'il exprime une vérité générale :
Socrate a dit que l'homme est (était) mortel.
Le professeur a expliqué aux enfants que deux et deux font (faisaient) quatre.

▸ L'imparfait au style direct devient plus-que-parfait au style indirect s'il y a un risque de confusion :
Ce matin, il m'a dit : « Je suis malade. » ➔ *Ce matin, il m'a dit qu'il était malade.*
Ce matin, il m'a dit : « J'étais malade. » ➔ *Ce matin, il m'a dit qu'il avait été malade* (risque de confusion).
Ce matin, il m'a dit : « J'étais malade la semaine dernière. » ➔ *Ce matin, il m'a dit qu'il était malade la semaine dernière* (pas de risque de confusion).
Dans la dernière phrase, le plus-que parfait est aussi possible :
Ce matin, il m'a dit qu'il avait été malade la semaine dernière.

▸ Il n'y a normalement pas de passé simple ni de passé antérieur au style direct. Néanmoins, on peut trouver dans un texte littéraire ou historique un discours au passé simple et au passé antérieur. Au style indirect, ces deux temps ne changent pas :
Le consul relata : « Dès que les Barbares se furent avancés, les légions chargèrent. »
➔ *Le consul relata que dès que les Barbares se furent avancés, les légions chargèrent.*

▸ Le subjonctif présent et le subjonctif passé ne changent pas au style indirect :
Elle a dit à son fils : « Il faut que tu sois parti de chez tes amis avant 6 heures et que tu rentres directement ». ➔ *Elle a dit à son fils qu'il fallait qu'il soit parti de chez ses amis avant 6 heures et qu'il rentre directement.*
À l'écrit (registre littéraire), le subjonctif imparfait peut remplacer le subjonctif présent, et le subjonctif plus-que-parfait le subjonctif passé :
Elle dit (passé simple) *à son fils qu'il fallait qu'il fût parti de chez ses amis avant 6 heures et qu'il rentrât directement.*

▸ L'impératif (présent ou passé) devient au style indirect l'infinitif (présent ou passé) ou le subjonctif (présent ou passé) :
Elle lui a dit : « Va te laver les mains ! » ➔ *Elle lui a dit d'aller se laver les mains / qu'il aille se laver les mains.*

Tableaux de conjugaison

auxiliaire

INDICATIF

Présent	Passé composé	Imparfait	Plus-que-parfait
j'ai	j'ai eu	j'avais	j'avais eu
tu as	tu as eu	tu avais	tu avais eu
il a	il a eu	il avait	il avait eu
nous avons	nous avons eu	nous avions	nous avions eu
vous avez	vous avez eu	vous aviez	vous aviez eu
ils ont	ils ont eu	ils avaient	ils avaient eu
Passé simple	Passé antérieur	Futur simple	Futur antérieur
j'eus	j'eus eu	j'aurai	j'aurai eu
tu eus	tu eus eu	tu auras	tu auras eu
il eut	il eut eu	il aura	il aura eu
nous eûmes	nous eûmes eu	nous aurons	nous aurons eu
vous eûtes	vous eûtes eu	vous aurez	vous aurez eu
ils eurent	ils eurent eu	ils auront	ils auront eu

CONDITIONNEL · IMPÉRATIF

Présent	Passé	Présent	Passé
j'aurais	j'aurais eu	aie	aie eu
tu aurais	tu aurais eu	ayons	ayons eu
il aurait	il aurait eu	ayez	ayez eu
nous aurions	nous aurions eu		
vous auriez	vous auriez eu		
ils auraient	ils auraient eu		

SUBJONCTIF

Présent	Passé	Imparfait	Plus-que-parfait
que j'aie	que j'aie eu	que j'eusse	que j'eusse eu
que tu aies	que tu aies eu	que tu eusses	que tu eusses eu
qu'il ait	qu'il ait eu	qu'il eût	qu'il eût eu
que nous ayons	que nous ayons eu	que nous eussions	que nous eussions eu
que vous ayez	que vous ayez eu	que vous eussiez	que vous eussiez eu
qu'ils aient	qu'ils aient eu	qu'ils eussent	qu'ils eussent eu

INFINITIF · PARTICIPE · GÉRONDIF

Présent	Passé	Présent	Passé	Présent	Passé
avoir	avoir eu	ayant	eu	en ayant	en ayant eu
			ayant eu		

Remarques et usage

▶ **Avoir** signifie :
Posséder, disposer de
Ils ont une nouvelle voiture. [ilzɔ̃]
Avez-vous du temps demain matin ? [ave]
Olivier n'a pas d'ordinateur. [napa]

Porter sur soi
Nathalie a une robe bleue et un chapeau blanc.
Je n'avais pas d'argent sur moi.
Il a des chaussures neuves.

Présenter une personne
Le voleur avait les cheveux noirs et les yeux verts.
Henri a beaucoup de patience.
Quel âge avez-vous ?
– J'ai dix-huit ans, mais j'en aurai bientôt dix-neuf.
On n'a pas tous les jours vingt ans.

avoir 1

Ressentir

Elle a eu mal à la tête toute la matinée.
Le petit Cédric est tombé mais il n'a rien.
Qu'est-ce que tu as ? – J'ai mal au ventre.
J'ai froid, j'ai chaud.
J'ai peur, j'ai faim.
J'ai soif.

Obtenir, recevoir

Il a eu son diplôme.
Tu as eu 20 sur 20 en mathématiques ?
Ce matin, nous n'avons pas eu de courrier.
Odile aura une promotion.

▶ **Avoir :** autres utilisations.

Vous avez raison.
Elle a tort.
Tu as l'air fatigué aujourd'hui.
J'ai envie de faire une promenade.
Avez-vous besoin d'aide ?

▶ **Avoir à :** devoir faire quelque chose

J'ai quelque chose à te dire.
Ils n'ont rien à faire.
J'ai une lettre à écrire.
Sophie a une question à vous poser.

▶ **N'avoir qu'à :** devoir seulement

Si tu es fatigué, tu n'as qu'à aller te reposer.
Pour appeler un taxi, vous n'avez qu'à faire ce numéro.
Pour pénétrer dans la maison, les cambrioleurs n'ont eu qu'à casser une vitre.

▶ L'auxiliaire **avoir** est utilisé pour les verbes transitifs, la plupart des verbes intransitifs et les verbes **être** et **avoir** aux temps composés.

J'ai regardé la télévision.
Nous avons parlé au directeur.
Quand ils auront dormi, ils se sentiront mieux.
J'ai perdu le stylo que j'avais acheté la semaine dernière.
Tu as eu mon message ?
J'ai été surpris de le voir seul.

▶ **Il y a :** indique l'existence

Il y a une librairie dans la rue.
Il y avait du monde dans le train.
Il y a eu un orage hier.
Il y aura beaucoup de monde à la fête.
Y a-t-il quelqu'un dans le salon ?
Combien de roses y a-t-il dans ce bouquet ?
Il n'y a pas de sucre dans mon café.
Il n'y a aucun problème.

▶ **Il y a :** indique le temps écoulé

J'ai lu ce livre il y a vingt ans.
Il y a combien de temps que vous travaillez dans cette société ?

▶ **Il n'y a qu'à :** il suffit de

Pour allumer l'ordinateur, il n'y a qu'à appuyer sur le bouton vert.
Il n'y avait qu'à l'inviter, il serait venu.

⚠ Au subjonctif, la 3e personne du singulier prend un **t**.

Je trouve surprenant qu'il n'ait pas d'amis.

▶ **Mots et expressions**

*Elle **a beau** crier, on ne l'écoute pas.*
(Même si elle crie, on ne l'écoute pas.)
*Le commerçant ne m'a pas remboursé le pull que j'ai rendu, mais il m'a fait **un avoir**.*

INDICATIF

Présent	Passé composé	Imparfait	Plus-que-parfait
je **suis**	j'ai **été**	j'**étais**	j'avais **été**
tu **es**	tu as **été**	tu **étais**	tu avais **été**
il **est**	il a **été**	il **était**	il avait **été**
nous **sommes**	nous avons **été**	nous **étions**	nous avions **été**
vous **êtes**	vous avez **été**	vous **étiez**	vous aviez **été**
ils **sont**	ils ont **été**	ils **étaient**	ils avaient **été**
Passé simple	Passé antérieur	Futur simple	Futur antérieur
je **fus**	j'eus **été**	je **serai**	j'aurai **été**
tu **fus**	tu eus **été**	tu **seras**	tu auras **été**
il **fut**	il eut **été**	il **sera**	il aura **été**
nous **fûmes**	nous eûmes **été**	nous **serons**	nous aurons **été**
vous **fûtes**	vous eûtes **été**	vous **serez**	vous aurez **été**
ils **furent**	ils eurent **été**	ils **seront**	ils auront **été**

CONDITIONNEL / IMPÉRATIF

Présent	Passé	Présent	Passé
je **serais**	j'aurais **été**	**sois**	aie **été**
tu **serais**	tu aurais **été**	**soyons**	ayons **été**
il **serait**	il aurait **été**	**soyez**	ayez **été**
nous **serions**	nous aurions **été**		
vous **seriez**	vous auriez **été**		
ils **seraient**	ils auraient **été**		

SUBJONCTIF

Présent	Passé	Imparfait	Plus-que-parfait
que je **sois**	que j'aie **été**	que je **fusse**	que j'eusse **été**
que tu **sois**	que tu aies **été**	que tu **fusses**	que tu eusses **été**
qu'il **soit**	qu'il ait **été**	qu'il **fût**	qu'il eût **été**
que nous **soyons**	que nous ayons **été**	que nous **fussions**	que nous eussions **été**
que vous **soyez**	que vous ayez **été**	que vous **fussiez**	que vous eussiez **été**
qu'ils **soient**	qu'ils aient **été**	qu'ils **fussent**	qu'ils eussent **été**

INFINITIF / PARTICIPE / GÉRONDIF

Présent	Passé	Présent	Passé	Présent	Passé
être	avoir **été**	**étant**	**été**	en **étant**	en ayant **été**
			ayant **été**		

Remarques et usage

▶ **Être** indique :

L'identité, la fonction
Je suis Pierre Chesnay, je suis journaliste.
C'est moi.
Julie est pianiste (sans article).
Julie est une excellente pianiste (avec article s'il y a un adjectif).

L'état
Robert est malade.
Je ne suis pas très bien aujourd'hui. (Je ne vais pas très bien aujourd'hui.)
Cette maison est immense.
Son père était grand et mince.

Le lieu
Bernard est en Allemagne.
Nous serons à la maison dans deux jours.
Autrefois, mon école était dans cette rue.

Le temps

Quelle heure est-il ? – Il est 8 heures.
Quel jour sommes-nous ? – Nous sommes le 15 mai.
Nous étions en décembre, il faisait froid.

▶ **Être à** : appartenir à
À qui sont ces lunettes ? – Elles sont à moi.

▶ **Être de** : indique l'origine
D'où es-tu ? – Je suis de Marseille, et toi ? – De Paris.

▶ **Être en** : indique le matériau
Ma montre est en or.
En quoi est ton portefeuille ? – En cuir.
Les chaussures de Cendrillon étaient en vair.

▶ **C'est / ce sont**
C'est s'utilise avec un adjectif masculin invariable pour qualifier quelque chose.
Un coucher de soleil, c'est beau.
Les légumes, c'est bon pour la santé.
C'était intéressant.
C'est vrai.
C'est faux.

C'est et **ce sont** s'utilisent avec un nom, pour présenter quelque chose ou quelqu'un.
C'est une pièce de 2 euros.
Sur la photo, c'est Catherine, ma sœur.
Ce sont mes amis.

⚠ **C'est** ou **il est, elle est** :
– **c'est** + nom déterminé
C'est Paul.
C'est Céline.

– **il est** ou **elle est** + nom de profession ou adjectif
Il est facteur, il est blond.
Elle est chanteuse, elle est belle.
Mais : *C'est un bon facteur.*
      C'est une chanteuse connue.

▶ Questions avec **est-ce que** [ɛskə]
Est-ce que la réunion est finie ?
Qu'est-ce qu'il a dit ?
Où est-ce que vous allez ?
Quand est-ce que vous êtes arrivés ? [kɑ̃tɛskə]
Comment est-ce que vous avez fait cela ?
Pourquoi est-ce qu'il ne viendrait pas
avec nous ?

▶ L'auxiliaire **être** est utilisé :
– pour les verbes suivants aux temps composés :
aller, arriver, entrer, descendre, monter, mourir, naître, partir, passer, retourner, rester, sortir, tomber, venir et leurs dérivés (*rentrer, devenir*, etc.) :
Je suis allé à Nice.
Catherine est née le 3 décembre.
Il était resté une semaine à l'hôpital.
Quand le contrat sera signé, je vous l'enverrai.

– pour les verbes utilisés à la forme passive :
Les visites sont organisées par l'office du tourisme.
Cette affiche a été réalisée par un artiste polonais.

– pour les verbes pronominaux aux temps composés :
Je me suis levé très tôt ce matin.
Vous vous êtes trompés.
Il ira mieux quand il se sera reposé.

▶ **Mots et expressions**
Ça y est ? (**C'est** fini ?) *Vous êtes prêts ?*
– Oui, ça y est, on peut y aller.
Vous parlez anglais, n'est-ce pas ?
J'irai peut-être à Lyon ce week-end.
Pour votre bien-être (santé, confort), *faites du sport.*
L'être humain (« être » est ici un nom).

verbes pronominaux
même conjugaison pour
se coucher, se dépêcher, se reposer, se réveiller, ...

3 se laver

1er groupe

INDICATIF

Présent	Passé composé	Imparfait	Plus-que-parfait
je me lave	je me suis lavé	je me lavais	je m'étais lavé
tu te laves	tu t'es lavé	tu te lavais	tu t'étais lavé
il se lave	il s'est lavé	il se lavait	il s'était lavé
nous nous lavons	nous nous sommes lavés	nous nous lavions	nous nous étions lavés
vous vous lavez	vous vous êtes lavés	vous vous laviez	vous vous étiez lavés
ils se lavent	ils se sont lavés	ils se lavaient	ils s'étaient lavés
Passé simple	**Passé antérieur**	**Futur simple**	**Futur antérieur**
je me lavai	je me fus lavé	je me laverai	je me serai lavé
tu te lavas	tu te fus lavé	tu te laveras	tu te seras lavé
il se lava	il se fut lavé	il se lavera	il se sera lavé
nous nous lavâmes	nous nous fûmes lavés	nous nous laverons	nous nous serons lavés
vous vous lavâtes	vous vous fûtes lavés	vous vous laverez	vous vous serez lavés
ils se lavèrent	ils se furent lavés	ils se laveront	ils se seront lavés

CONDITIONNEL / IMPÉRATIF

Présent	Passé	Présent	Passé
je me laverais	je me serais lavé	lave-toi	–
tu te laverais	tu te serais lavé	lavons-nous	–
il se laverait	il se serait lavé	lavez-vous	–
nous nous laverions	nous nous serions lavés		
vous vous laveriez	vous vous seriez lavés		
ils se laveraient	ils se seraient lavés		

SUBJONCTIF

Présent	Passé	Imparfait	Plus-que-parfait
que je me lave	que je me sois lavé	que je me lavasse	que je me fusse lavé
que tu te laves	que tu te sois lavé	que tu te lavasses	que tu te fusses lavé
qu'il se lave	qu'il se soit lavé	qu'il se lavât	qu'il se fût lavé
que nous nous lavions	que nous nous soyons lavés	que nous nous lavassions	que nous nous fussions lavés
que vous vous laviez	que vous vous soyez lavés	que vous vous lavassiez	que vous vous fussiez lavés
qu'ils se lavent	qu'ils se soient lavés	qu'ils se lavassent	qu'ils se fussent lavés

INFINITIF / PARTICIPE / GÉRONDIF

Présent	Passé	Présent	Passé	Présent	Passé
se laver	s'être lavé	se lavant	lavé s'étant lavé	en se lavant	en s'étant lavé

Remarques et usage

⚠ Il n'existe pas de passé de l'impératif pour les verbes pronominaux.

▶ Aux temps composés, tous les verbes pronominaux se conjuguent avec **être** (voir règle de l'accord du participe passé page 51).

▶ Il existe des verbes pronominaux dans les trois groupes.

Exemples :
1. **se laver** : *Elle s'est lavée. Tu t'es lavé les mains ? – Oui, je me les suis lavées.*
2. **s'enrichir** : *Ils se sont enrichis.*
3. **s'asseoir** (voir conjugaison page 144) : *Nous nous sommes assis.*

même conjugaison pour
s'aimer, s'embrasser, s'habituer, ...

s'habiller 4

INDICATIF

Présent	Passé composé	Imparfait	Plus-que-parfait
je m'habille	je me suis habillé	je m'habillais	je m'étais habillé
tu t'habilles	tu t'es habillé	tu t'habillais	tu t'étais habillé
il s'habille	il s'est habillé	il s'habillait	il s'était habillé
nous nous habillons	nous nous sommes habillés	nous nous habillions	nous nous étions habillés
vous vous habillez	vous vous êtes habillés	vous vous habilliez	vous vous étiez habillés
ils s'habillent	ils se sont habillés	ils s'habillaient	ils s'étaient habillés
Passé simple	**Passé antérieur**	**Futur simple**	**Futur antérieur**
je m'habillai	je me fus habillé	je m'habillerai	je me serai habillé
tu t'habillas	tu te fus habillé	tu t'habilleras	tu te seras habillé
il s'habilla	il se fut habillé	il s'habillera	il se sera habillé
nous nous habillâmes	nous nous fûmes habillés	nous nous habillerons	nous nous serons habillés
vous vous habillâtes	vous vous fûtes habillés	vous vous habillerez	vous vous serez habillés
ils s'habillèrent	ils se furent habillés	ils s'habilleront	ils se seront habillés

CONDITIONNEL / IMPÉRATIF

Présent	Passé	Présent	Passé
je m'habillerais	je me serais habillé	habille-toi	–
tu t'habillerais	tu te serais habillé	habillons-nous	–
il s'habillerait	il se serait habillé	habillez-vous	–
nous nous habillerions	nous nous serions habillés		
vous vous habilleriez	vous vous seriez habillés		
ils s'habilleraient	ils se seraient habillés		

SUBJONCTIF

Présent	Passé	Imparfait	Plus-que-parfait
que je m'habille	que je me sois habillé	que je m'habillasse	que je me fusse habillé
que tu t'habilles	que tu te sois habillé	que tu t'habillasses	que tu te fusses habillé
qu'il s'habille	qu'il se soit habillé	qu'il s'habillât	qu'il se fût habillé
que nous nous habillions	que nous nous soyons habillés	que nous nous habillassions	que nous nous fussions habillés
que vous vous habilliez	que vous vous soyez habillés	que vous vous habillassiez	que vous vous fussiez habillés
qu'ils s'habillent	qu'ils se soient habillés	qu'ils s'habillassent	qu'ils se fussent habillés

INFINITIF / PARTICIPE / GÉRONDIF

Présent	Passé	Présent	Passé	Présent	Passé
s'habiller	s'être habillé	s'habillant	habillé	en s'habillant	en s'étant habillé
			s'étant habillé		

Remarques et usage

⚠ Il n'existe pas de passé de l'impératif pour les verbes pronominaux.

▸ Les pronoms **me**, **te** et **se** deviennent **m'**, **t'** et **s'**.
Les enfants s'habillent. [sabij]
Tu t'habilles ? [tabij] – *Oui, je m'habille.* [mabij]

▸ Attention à la prononciation du présent et de l'imparfait.
habillons [abijɔ̃] – *habillions* [abijiɔ̃]

⚠ Devant un **h** aspiré, il faut garder **me**, **te** et **se**.
Se haïr (voir conjugaison page 94), *se hasarder, se hâter, se heurter*, etc.
*Il faut que tu **te** hâtes, sinon tu vas être en retard.* [təɑt]
*Ils **se** haïssent depuis des années.* [səais]

être invité

exemple de construction passive

INDICATIF

Présent	Passé composé	Imparfait	Plus-que-parfait
je **suis invité**	j'ai **été invité**	j'**étais invité**	j'avais **été invité**
tu **es invité**	tu as **été invité**	tu **étais invité**	tu avais **été invité**
il **est invité**	il a **été invité**	il **était invité**	il avait **été invité**
nous **sommes invités**	nous avons **été invités**	nous **étions invités**	nous avions **été invités**
vous **êtes invités**	vous avez **été invités**	vous **étiez invités**	vous aviez **été invités**
ils **sont invités**	ils ont **été invités**	ils **étaient invités**	ils avaient **été invités**
Passé simple	**Passé antérieur**	**Futur simple**	**Futur antérieur**
je **fus invité**	j'eus **été invité**	je **serai invité**	j'aurai **été invité**
tu **fus invité**	tu eus **été invité**	tu **seras invité**	tu auras **été invité**
il **fut invité**	il eut **été invité**	il **sera invité**	il aura **été invité**
nous **fûmes invités**	nous eûmes **été invités**	nous **serons invités**	nous aurons **été invités**
vous **fûtes invités**	vous eûtes **été invités**	vous **serez invités**	vous aurez **été invités**
ils **furent invités**	ils eurent **été invités**	ils **seront invités**	ils auront **été invités**

CONDITIONNEL

Présent	Passé
je **serais invité**	j'aurais **été invité**
tu **serais invité**	tu aurais **été invité**
il **serait invité**	il aurait **été invité**
nous **serions invités**	nous aurions **été invités**
vous **seriez invités**	vous auriez **été invités**
ils **seraient invités**	ils auraient **été invités**

IMPÉRATIF

Présent	Passé
sois invité	–
soyons invités	–
soyez invités	–

SUBJONCTIF

Présent	Passé	Imparfait	Plus-que-parfait
que je **sois invité**	que j'aie **été invité**	que je **fusse invité**	que j'eusse **été invité**
que tu **sois invité**	que tu aies **été invité**	que tu **fusses invité**	que tu eusses **été invité**
qu'il **soit invité**	qu'il ait **été invité**	qu'il **fût invité**	qu'il eût **été invité**
que nous **soyons invités**	que nous ayons **été invités**	que nous **fussions invités**	que nous eussions **été invités**
que vous **soyez invités**	que vous ayez **été invités**	que vous **fussiez invités**	que vous eussiez **été invités**
qu'ils **soient invités**	qu'ils aient **été invités**	qu'ils **fussent invités**	qu'ils eussent **été invités**

INFINITIF / PARTICIPE / GÉRONDIF

Présent	Passé	Présent	Passé	Présent	Passé
être **invité**	avoir **été invité**	**étant invité**	**invité** ayant **été invité**	en **étant** invité	en ayant **été invité**

Remarques et usage

▷ Il n'existe pas de passé de l'impératif pour la construction passive.

▷ Le verbe à la voix passive est toujours construit avec l'auxiliaire **être**.

▷ Le participe passé du verbe s'accorde avec le sujet (**été** est invariable).

*Caroline **a été invitée** au mariage.*
*Je suis surpris que tes parents **n'aient pas été invités**.*
*Je ne pensais pas que vous **auriez été invités**.*
*Sophie ne se souvient pas **avoir été invitée**.*

verbes en -eter 1er type
même conjugaison pour
racheter, haleter, ...

acheter 6

INDICATIF

Présent	Passé composé	Imparfait	Plus-que-parfait
j'achète	j'ai acheté	j'achetais	j'avais acheté
tu achètes	tu as acheté	tu achetais	tu avais acheté
il achète	il a acheté	il achetait	il avait acheté
nous achetons	nous avons acheté	nous achetions	nous avions acheté
vous achetez	vous avez acheté	vous achetiez	vous aviez acheté
ils achètent	ils ont acheté	ils achetaient	ils avaient acheté
Passé simple	**Passé antérieur**	**Futur simple**	**Futur antérieur**
j'achetai	j'eus acheté	j'achèterai	j'aurai acheté
tu achetas	tu eus acheté	tu achèteras	tu auras acheté
il acheta	il eut acheté	il achètera	il aura acheté
nous achetâmes	nous eûmes acheté	nous achèterons	nous aurons acheté
vous achetâtes	vous eûtes acheté	vous achèterez	vous aurez acheté
ils achetèrent	ils eurent acheté	ils achèteront	ils auront acheté

CONDITIONNEL

Présent	Passé
j'achèterais	j'aurais acheté
tu achèterais	tu aurais acheté
il achèterait	il aurait acheté
nous achèterions	nous aurions acheté
vous achèteriez	vous auriez acheté
ils achèteraient	ils auraient acheté

IMPÉRATIF

Présent	Passé
achète	aie acheté
achetons	ayons acheté
achetez	ayez acheté

SUBJONCTIF

Présent	Passé	Imparfait	Plus-que-parfait
que j'achète	que j'aie acheté	que j'achetasse	que j'eusse acheté
que tu achètes	que tu aies acheté	que tu achetasses	que tu eusses acheté
qu'il achète	qu'il ait acheté	qu'il achetât	qu'il eût acheté
que nous achetions	que nous ayons acheté	que nous achetassions	que nous eussions acheté
que vous achetiez	que vous ayez acheté	que vous achetassiez	que vous eussiez acheté
qu'ils achètent	qu'ils aient acheté	qu'ils achetassent	qu'ils eussent acheté

INFINITIF / PARTICIPE / GÉRONDIF

Présent	Passé	Présent	Passé	Présent	Passé
acheter	avoir acheté	achetant	acheté ayant acheté	en achetant	en ayant acheté

Remarques et usage

▶ Pour quelques verbes en **-eter**, **e** est remplacé par **è** aux trois personnes du singulier et à la 3e personne du pluriel du présent de l'indicatif et du subjonctif, à toutes les personnes du futur simple et du conditionnel présent, ainsi qu'à la 1re personne du présent de l'impératif.

J'achète des tomates ? [ʒaʃɛt] – *Oui, achètes-en un kilo.* [aʃɛtzã] (on ajoute **s** à la première personne de l'impératif devant **en**)

Nous achetons nos billets directement à la gare. [nuzaʃtɔ̃]
Nous achèterons des magazines avant de partir. [nuzaʃɛtʀɔ̃]
Si j'avais assez d'argent, j'achèterais un bateau. [ʒaʃɛtʀɛ]

▶ **S'acheter** s'utilise comme verbe pronominal à sens passif.
Les billets s'achètent au guichet numéro deux. [saʃɛt]

appeler

verbes en -**eler** 1er type
même conjugaison pour
s'appeler, épeler, (se) rappeler, renouveler, ...

INDICATIF

Présent	Passé composé	Imparfait	Plus-que-parfait
j'appelle	j'ai appelé	j'appelais	j'avais appelé
tu appelles	tu as appelé	tu appelais	tu avais appelé
il appelle	il a appelé	il appelait	il avait appelé
nous appelons	nous avons appelé	nous appelions	nous avions appelé
vous appelez	vous avez appelé	vous appeliez	vous aviez appelé
ils appellent	ils ont appelé	ils appelaient	ils avaient appelé
Passé simple	**Passé antérieur**	**Futur simple**	**Futur antérieur**
j'appelai	j'eus appelé	j'appellerai	j'aurai appelé
tu appelas	tu eus appelé	tu appelleras	tu auras appelé
il appela	il eut appelé	il appellera	il aura appelé
nous appelâmes	nous eûmes appelé	nous appellerons	nous aurons appelé
vous appelâtes	vous eûtes appelé	vous appellerez	vous aurez appelé
ils appelèrent	ils eurent appelé	ils appelleront	ils auront appelé

CONDITIONNEL / IMPÉRATIF

Présent	Passé	Présent	Passé
j'appellerais	j'aurais appelé	appelle	aie appelé
tu appellerais	tu aurais appelé	appelons	ayons appelé
il appellerait	il aurait appelé	appelez	ayez appelé
nous appellerions	nous aurions appelé		
vous appelleriez	vous auriez appelé		
ils appelleraient	ils auraient appelé		

SUBJONCTIF

Présent	Passé	Imparfait	Plus-que-parfait
que j'appelle	que j'aie appelé	que j'appelasse	que j'eusse appelé
que tu appelles	que tu aies appelé	que tu appelasses	que tu eusses appelé
qu'il appelle	qu'il ait appelé	qu'il appelât	qu'il eût appelé
que nous appelions	que nous ayons appelé	que nous appelassions	que nous eussions appelé
que vous appeliez	que vous ayez appelé	que vous appelassiez	que vous eussiez appelé
qu'ils appellent	qu'ils aient appelé	qu'ils appelassent	qu'ils eussent appelé

INFINITIF / PARTICIPE / GÉRONDIF

Présent	Passé	Présent	Passé	Présent	Passé
appeler	avoir appelé	appelant	appelé	en appelant	en ayant appelé
			ayant appelé		

Remarques et usage

▶ La plupart des verbes en -**eler** doublent le **l** aux trois personnes du singulier et à la 3e personne du pluriel du présent de l'indicatif et du subjonctif, à toutes les personnes du futur simple et du conditionnel présent, ainsi qu'à la 1re personne du présent de l'impératif.

Regarde, c'est Bruno là-bas, appelle-le ! [apɛllə]
Je t'appellerai (te téléphonerai) *demain.* [tapɛlʀe]
Vous avez appelé l'ascenseur ? [aple]

▶ Le verbe pronominal **s'appeler** est très fréquent.
Comment t'appelles-tu ? [tapɛl]
Comment vous appelez-vous ? [vuzaplevu]
On s'appelle (se téléphone) *dans la semaine ?* [sapɛl]

verbes en -**uyer**
même conjugaison pour
ennuyer, essuyer

appuyer 8

1er groupe

INDICATIF

Présent	Passé composé	Imparfait	Plus-que-parfait
j'appu**ie**	j'ai appuyé	j'appu**yais**	j'avais appuyé
tu appu**ies**	tu as appuyé	tu appu**yais**	tu avais appuyé
il appu**ie**	il a appuyé	il appu**yait**	il avait appuyé
nous appu**yons**	nous avons appuyé	nous appu**yions**	nous avions appuyé
vous appu**yez**	vous avez appuyé	vous appu**yiez**	vous aviez appuyé
ils appu**ient**	ils ont appuyé	ils appu**yaient**	ils avaient appuyé
Passé simple	**Passé antérieur**	**Futur simple**	**Futur antérieur**
j'appu**yai**	j'eus appuyé	j'appu**ierai**	j'aurai appuyé
tu appu**yas**	tu eus appuyé	tu appu**ieras**	tu auras appuyé
il appu**ya**	il eut appuyé	il appu**iera**	il aura appuyé
nous appu**yâmes**	nous eûmes appuyé	nous appu**ierons**	nous aurons appuyé
vous appu**yâtes**	vous eûtes appuyé	vous appu**ierez**	vous aurez appuyé
ils appu**yèrent**	ils eurent appuyé	ils appu**ieront**	ils auront appuyé

CONDITIONNEL

Présent	Passé
j'appu**ierais**	j'aurais appuyé
tu appu**ierais**	tu aurais appuyé
il appu**ierait**	il aurait appuyé
nous appu**ierions**	nous aurions appuyé
vous appu**ieriez**	vous auriez appuyé
ils appu**ieraient**	ils auraient appuyé

IMPÉRATIF

Présent	Passé
appu**ie**	aie appuyé
appu**yons**	ayons appuyé
appu**yez**	ayez appuyé

SUBJONCTIF

Présent	Passé	Imparfait	Plus-que-parfait
que j'appu**ie**	que j'aie appuyé	que j'appu**yasse**	que j'eusse appuyé
que tu appu**ies**	que tu aies appuyé	que tu appu**yasses**	que tu eusses appuyé
qu'il appu**ie**	qu'il ait appuyé	qu'il appu**yât**	qu'il eût appuyé
que nous appu**yions**	que nous ayons appuyé	que nous appu**yassions**	que nous eussions appuyé
que vous appu**yiez**	que vous ayez appuyé	que vous appu**yassiez**	que vous eussiez appuyé
qu'ils appu**ient**	qu'ils aient appuyé	qu'ils appu**yassent**	qu'ils eussent appuyé

INFINITIF / PARTICIPE / GÉRONDIF

Présent	Passé	Présent	Passé	Présent	Passé
appuyer	avoir appuyé	appu**yant**	appuyé ayant appuyé	en appu**yant**	en ayant appuyé

Remarques et usage

▶ Le **y** des verbes en -**uyer** est remplacé par **i** devant un **e** muet (aux trois personnes du singulier et à la 3e personne du pluriel au présent de l'indicatif et du subjonctif ; à la 1re personne du présent de l'impératif ; et à toutes les personnes du futur simple et du conditionnel présent).

Tu appuies sur la sonnette et tu rentres. [apɥi]
Appuie sur la sonnette et rentre. [apɥi]
J'espère que vous appuierez (soutiendrez) *ma candidature.* [apɥire]

▶ Aux 1re et 2e personnes du pluriel de l'imparfait de l'indicatif et du présent du subjonctif, **y** est suivi d'un **i**.

Pour allumer l'ordinateur, il suffit que vous appuyiez sur le bouton « marche ». [apɥije]

▶ **S'appuyer sur**

Il s'appuie sur une canne pour marcher.

9 commencer

1er groupe

INDICATIF

Présent	Passé composé	Imparfait	Plus-que-parfait
je commence	j'ai commencé	je commençais	j'avais commencé
tu commences	tu as commencé	tu commençais	tu avais commencé
il commence	il a commencé	il commençait	il avait commencé
nous commençons	nous avons commencé	nous commencions	nous avions commencé
vous commencez	vous avez commencé	vous commenciez	vous aviez commencé
ils commencent	ils ont commencé	ils commençaient	ils avaient commencé
Passé simple	**Passé antérieur**	**Futur simple**	**Futur antérieur**
je commençai	j'eus commencé	je commencerai	j'aurai commencé
tu commenças	tu eus commencé	tu commenceras	tu auras commencé
il commença	il eut commencé	il commencera	il aura commencé
nous commençâmes	nous eûmes commencé	nous commencerons	nous aurons commencé
vous commençâtes	vous eûtes commencé	vous commencerez	vous aurez commencé
ils commencèrent	ils eurent commencé	ils commenceront	ils auront commencé

CONDITIONNEL / IMPÉRATIF

Présent	Passé	Présent	Passé
je commencerais	j'aurais commencé	commence	aie commencé
tu commencerais	tu aurais commencé	commençons	ayons commencé
il commencerait	il aurait commencé	commencez	ayez commencé
nous commencerions	nous aurions commencé		
vous commenceriez	vous auriez commencé		
ils commenceraient	ils auraient commencé		

SUBJONCTIF

Présent	Passé	Imparfait	Plus-que-parfait
que je commence	que j'aie commencé	que je commençasse	que j'eusse commencé
que tu commences	que tu aies commencé	que tu commençasses	que tu eusses commencé
qu'il commence	qu'il ait commencé	qu'il commençât	qu'il eût commencé
que nous commencions	que nous ayons commencé	que nous commençassions	que nous eussions commencé
que vous commenciez	que vous ayez commencé	que vous commençassiez	que vous eussiez commencé
qu'ils commencent	qu'ils aient commencé	qu'ils commençassent	qu'ils eussent commencé

INFINITIF / PARTICIPE / GÉRONDIF

Présent	Passé	Présent	Passé	Présent	Passé
commencer	avoir commencé	commençant	commencé ayant commencé	en commençant	en ayant commencé

Remarques et usage

▸ Devant les voyelles **a** et **o**, le **c** des verbes en -**cer** devient **ç** pour maintenir la prononciation [s].

Je commence tous les jours à 8 heures. [kɔmɑ̃s]
Nous commençons la réunion. [kɔmɑ̃sɔ̃]
Ils commençaient à déjeuner quand je suis arrivé. [kɔmɑ̃sɛ]

Nous avons commencé sans vous. [kɔmɑ̃se]
Vous commenciez toujours par un discours. [kɔmɑ̃sje]

verbes en -eler 2e type

même conjugaison pour
geler, dégeler, harceler, modeler, peler, ...

congeler 10

1er groupe

INDICATIF

Présent	Passé composé	Imparfait	Plus-que-parfait
je congèle	j'ai congelé	je congelais	j'avais congelé
tu congèles	tu as congelé	tu congelais	tu avais congelé
il congèle	il a congelé	il congelait	il avait congelé
nous congelons	nous avons congelé	nous congelions	nous avions congelé
vous congelez	vous avez congelé	vous congeliez	vous aviez congelé
ils congèlent	ils ont congelé	ils congelaient	ils avaient congelé
Passé simple	**Passé antérieur**	**Futur simple**	**Futur antérieur**
je congelai	j'eus congelé	je congèlerai	j'aurai congelé
tu congelas	tu eus congelé	tu congèleras	tu auras congelé
il congela	il eut congelé	il congèlera	il aura congelé
nous congelâmes	nous eûmes congelé	nous congèlerons	nous aurons congelé
vous congelâtes	vous eûtes congelé	vous congèlerez	vous aurez congelé
ils congelèrent	ils eurent congelé	ils congèleront	ils auront congelé

CONDITIONNEL

Présent	Passé
je congèlerais	j'aurais congelé
tu congèlerais	tu aurais congelé
il congèlerait	il aurait congelé
nous congèlerions	nous aurions congelé
vous congèleriez	vous auriez congelé
ils congèleraient	ils auraient congelé

IMPÉRATIF

Présent	Passé
congèle	aie congelé
congelons	ayons congelé
congelez	ayez congelé

SUBJONCTIF

Présent	Passé	Imparfait	Plus-que-parfait
que je congèle	que j'aie congelé	que je congelasse	que j'eusse congelé
que tu congèles	que tu aies congelé	que tu congelasses	que tu eusses congelé
qu'il congèle	qu'il ait congelé	qu'il congelât	qu'il eût congelé
que nous congelions	que nous ayons congelé	que nous congelassions	que nous eussions congelé
que vous congeliez	que vous ayez congelé	que vous congelassiez	que vous eussiez congelé
qu'ils congèlent	qu'ils aient congelé	qu'ils congelassent	qu'ils eussent congelé

INFINITIF / PARTICIPE / GÉRONDIF

Présent	Passé	Présent	Passé	Présent	Passé
congeler	avoir congelé	congelant	congelé / ayant congelé	en congelant	en ayant congelé

Remarques et usage

▶ Pour certains verbes en **-eler**, **e** est remplacé par **è** aux trois personnes du singulier et à la 3e personne du pluriel du présent de l'indicatif et du subjonctif, à toutes les personnes du futur simple et du conditionnel présent, ainsi qu'à la 1re personne du présent de l'impératif.

L'été, je congèle des tomates et l'hiver j'en fais de la soupe.
Il me reste une baguette que j'ai congelée hier.

▶ **Décongeler** est le contraire de **congeler**.

Il faut que vous décongeliez le poisson avant de le faire cuire.
Tu décongèleras la viande et tu la feras cuire.

verbes en **-uer**
même conjugaison pour
s'habituer, distribuer, évaluer, tuer, ...

1er groupe

INDICATIF

Présent	Passé composé	Imparfait	Plus-que-parfait
je continue	j'ai continué	je continuais	j'avais continué
tu continues	tu as continué	tu continuais	tu avais continué
il continue	il a continué	il continuait	il avait continué
nous continuons	nous avons continué	nous continuions	nous avions continué
vous continuez	vous avez continué	vous continuiez	vous aviez continué
ils continuent	ils ont continué	ils continuaient	ils avaient continué
Passé simple	**Passé antérieur**	**Futur simple**	**Futur antérieur**
je continuai	j'eus continué	je continuerai	j'aurai continué
tu continuas	tu eus continué	tu continueras	tu auras continué
il continua	il eut continué	il continuera	il aura continué
nous continuâmes	nous eûmes continué	nous continuerons	nous aurons continué
vous continuâtes	vous eûtes continué	vous continuerez	vous aurez continué
ils continuèrent	ils eurent continué	ils continueront	ils auront continué

CONDITIONNEL / IMPÉRATIF

Présent	Passé	Présent	Passé
je continuerais	j'aurais continué	continue	aie continué
tu continuerais	tu aurais continué	continuons	ayons continué
il continuerait	il aurait continué	continuez	ayez continué
nous continuerions	nous aurions continué		
vous continueriez	vous auriez continué		
ils continueraient	ils auraient continué		

SUBJONCTIF

Présent	Passé	Imparfait	Plus-que-parfait
que je continue	que j'aie continué	que je continuasse	que j'eusse continué
que tu continues	que tu aies continué	que tu continuasses	que tu eusses continué
qu'il continue	qu'il ait continué	qu'il continuât	qu'il eût continué
que nous continuions	que nous ayons continué	que nous continuassions	que nous eussions continué
que vous continuiez	que vous ayez continué	que vous continuassiez	que vous eussiez continué
qu'ils continuent	qu'ils aient continué	qu'ils continuassent	qu'ils eussent continué

INFINITIF / PARTICIPE / GÉRONDIF

Présent	Passé	Présent	Passé	Présent	Passé
continuer	avoir continué	continuant	continué ayant continué	en continuant	en ayant continué

Remarques et usage

▶ Le verbe **continuer** peut être suivi d'un nom.
Tu continues ton régime ? [kɔ̃tiny]
Nous continuons nos efforts. [kɔ̃tinɥɔ̃]
Nous continuions nos efforts. [kɔ̃tinyjɔ̃]

▶ Le verbe **continuer** est généralement suivi de la préposition **à** devant un infinitif.
La pluie continue à tomber. [kɔ̃tiny]

▶ Il est parfois suivi de la préposition **de**, sans changement de sens, dans un style plus soutenu.
La pluie continue de tomber.

verbes en **-éer**
même conjugaison pour
agréer, recréer, suppléer, ...

créer **12**

1 er groupe

INDICATIF

Présent	Passé composé	Imparfait	Plus-que-parfait
je crée	j'ai créé	je créais	j'avais créé
tu crées	tu as créé	tu créais	tu avais créé
il crée	il a créé	il créait	il avait créé
nous créons	nous avons créé	nous créions	nous avions créé
vous créez	vous avez créé	vous créiez	vous aviez créé
ils créent	ils ont créé	ils créaient	ils avaient créé
Passé simple	**Passé antérieur**	**Futur simple**	**Futur antérieur**
je créai	j'eus créé	je créerai	j'aurai créé
tu créas	tu eus créé	tu créeras	tu auras créé
il créa	il eut créé	il créera	il aura créé
nous créâmes	nous eûmes créé	nous créerons	nous aurons créé
vous créâtes	vous eûtes créé	vous créerez	vous aurez créé
ils créèrent	ils eurent créé	ils créeront	ils auront créé

CONDITIONNEL

Présent	Passé
je créerais	j'aurais créé
tu créerais	tu aurais créé
il créerait	il aurait créé
nous créerions	nous aurions créé
vous créeriez	vous auriez créé
ils créeraient	ils auraient créé

IMPÉRATIF

Présent	Passé
crée	aie créé
créons	ayons créé
créez	ayez créé

SUBJONCTIF

Présent	Passé	Imparfait	Plus-que-parfait
que je crée	que j'aie créé	que je créasse	que j'eusse créé
que tu crées	que tu aies créé	que tu créasses	que tu eusses créé
qu'il crée	qu'il ait créé	qu'il créât	qu'il eût créé
que nous créions	que nous ayons créé	que nous créassions	que nous eussions créé
que vous créiez	que vous ayez créé	que vous créassiez	que vous eussiez créé
qu'ils créent	qu'ils aient créé	qu'ils créassent	qu'ils eussent créé

INFINITIF / PARTICIPE / GÉRONDIF

Infinitif Présent	Infinitif Passé	Participe Présent	Participe Passé	Gérondif Présent	Gérondif Passé
créer	avoir créé	créant	créé / ayant créé	en créant	en ayant créé

Remarques et usage

▸ *Ma sœur crée des bijoux artisanaux.* [kre]
Avant, elle était fleuriste, elle créait des bouquets originaux avec des fleurs et des fruits. [kree]

▸ Au futur simple et au conditionnel présent, le **e** ne se prononce pas.
Pensez-vous que cela créera des emplois. [kreRa]
Je pense que cela ne vous créerait aucune difficulté. [kreRɛ]

▸ Le participe passé des verbes en **-éer** ont deux é :
Paul a créé une nouvelle société. [kree]

▸ Quand le participe passé est accordé au féminin, on ajoute un **-e**.
La société a été créée il y a un an. [kree]

13 danser

verbes en -er
même conjugaison pour
arriver, chanter, décider, fermer, inviter, garder, trouver, ...

1er groupe

INDICATIF

Présent	Passé composé	Imparfait	Plus-que-parfait
je danse	j'ai dansé	je dansais	j'avais dansé
tu danses	tu as dansé	tu dansais	tu avais dansé
il danse	il a dansé	il dansait	il avait dansé
nous dansons	nous avons dansé	nous dansions	nous avions dansé
vous dansez	vous avez dansé	vous dansiez	vous aviez dansé
ils dansent	ils ont dansé	ils dansaient	ils avaient dansé
Passé simple	**Passé antérieur**	**Futur simple**	**Futur antérieur**
je dansai	j'eus dansé	je danserai	j'aurai dansé
tu dansas	tu eus dansé	tu danseras	tu auras dansé
il dansa	il eut dansé	il dansera	il aura dansé
nous dansâmes	nous eûmes dansé	nous danserons	nous aurons dansé
vous dansâtes	vous eûtes dansé	vous danserez	vous aurez dansé
ils dansèrent	ils eurent dansé	ils danseront	ils auront dansé

CONDITIONNEL

Présent	Passé
je danserais	j'aurais dansé
tu danserais	tu aurais dansé
il danserait	il aurait dansé
nous danserions	nous aurions dansé
vous danseriez	vous auriez dansé
ils danseraient	ils auraient dansé

IMPÉRATIF

Présent	Passé
danse	aie dansé
dansons	ayons dansé
dansez	ayez dansé

SUBJONCTIF

Présent	Passé	Imparfait	Plus-que-parfait
que je danse	que j'aie dansé	que je dansasse	que j'eusse dansé
que tu danses	que tu aies dansé	que tu dansasses	que tu eusses dansé
qu'il danse	qu'il ait dansé	qu'il dansât	qu'il eût dansé
que nous dansions	que nous ayons dansé	que nous dansassions	que nous eussions dansé
que vous dansiez	que vous ayez dansé	que vous dansassiez	que vous eussiez dansé
qu'ils dansent	qu'ils aient dansé	qu'ils dansassent	qu'ils eussent dansé

INFINITIF

Présent	Passé
danser	avoir dansé

PARTICIPE

Présent	Passé
dansant	dansé
	ayant dansé

GÉRONDIF

Présent	Passé
en dansant	en ayant dansé

Remarques et usage

▶ Les verbes réguliers en **-er** sont les plus fréquents en français et se conjuguent sur le modèle de **danser**.

Certaines personnes ont la même prononciation :
danse, danses, danse, dansent : [dɑ̃s] ;
dansais, dansait, dansaient : [dɑ̃sɛ]

*Est-ce que vous **dansez** la valse ? – Non, je ne **danse** pas.*
*Avez-vous **dansé** hier soir ? – Non, je n'**ai** pas **dansé**.*
*Si vous **aviez dansé**, j'**aurais dansé**.*

78

verbes en -**oyer**
même conjugaison pour
aboyer, nettoyer, tutoyer, vouvoyer, ...
(*sauf* envoyer *et* renvoyer)

employer 14

1 er groupe

INDICATIF

Présent	Passé composé	Imparfait	Plus-que-parfait
j'emploie	j'ai employé	j'employais	j'avais employé
tu emploies	tu as employé	tu employais	tu avais employé
il emploie	il a employé	il employait	il avait employé
nous employons	nous avons employé	nous employions	nous avions employé
vous employez	vous avez employé	vous employiez	vous aviez employé
ils emploient	ils ont employé	ils employaient	ils avaient employé
Passé simple	**Passé antérieur**	**Futur simple**	**Futur antérieur**
j'employai	j'eus employé	j'emploierai	j'aurai employé
tu employas	tu eus employé	tu emploieras	tu auras employé
il employa	il eut employé	il emploiera	il aura employé
nous employâmes	nous eûmes employé	nous emploierons	nous aurons employé
vous employâtes	vous eûtes employé	vous emploierez	vous aurez employé
ils employèrent	ils eurent employé	ils emploieront	ils auront employé

CONDITIONNEL

Présent	Passé
j'emploierais	j'aurais employé
tu emploierais	tu aurais employé
il emploierait	il aurait employé
nous emploierions	nous aurions employé
vous emploieriez	vous auriez employé
ils emploieraient	ils auraient employé

IMPÉRATIF

Présent	Passé
emploie	aie employé
employons	ayons employé
employez	ayez employé

SUBJONCTIF

Présent	Passé	Imparfait	Plus-que-parfait
que j'emploie	que j'aie employé	que j'employasse	que j'eusse employé
que tu emploies	que tu aies employé	que tu employasses	que tu eusses employé
qu'il emploie	qu'il ait employé	qu'il employât	qu'il eût employé
que nous employions	que nous ayons employé	que nous employassions	que nous eussions employé
que vous employiez	que vous ayez employé	que vous employassiez	que vous eussiez employé
qu'ils emploient	qu'ils aient employé	qu'ils employassent	qu'ils eussent employé

INFINITIF / PARTICIPE / GÉRONDIF

INFINITIF		PARTICIPE		GÉRONDIF	
Présent	**Passé**	**Présent**	**Passé**	**Présent**	**Passé**
employer	avoir employé	employant	employé ayant employé	en employant	en ayant employé

Remarques et usage

▸ Le **y** des verbes en -oyer (sauf **envoyer** et **renvoyer**) est remplacé par **i** devant un **e** muet (aux trois personnes du singulier et à la 3e personne du pluriel au présent de l'indicatif et du subjonctif ; à la 1re personne du présent de l'impératif ; et à toutes les personnes du futur simple et du conditionnel présent).

Cette entreprise emploie [ãplwa] *2 000 personnes et en emploiera* [ãplwaʀa] *3 000 l'an prochain. Il faut que les étudiants emploient correctement le subjonctif à la fin du stage.* [ãplwa]

▸ Aux 1re et 2e personnes du pluriel de l'imparfait de l'indicatif et du présent du subjonctif, **y** est suivi d'un **i**.

Aujourd'hui, vous employez [vuzãplwaje] *des produits naturels, mais avant, est-ce que vous en employiez* [vuzããplwajje] *?*

▸ **S'employer** : être utilisé
Ce mot ne s'emploie pas dans ce contexte.

verbes en -e(.)er
même conjugaison pour
amener, élever, emmener, enlever, geler, modeler, peser, promener, ...

1er groupe

INDICATIF

Présent	Passé composé	Imparfait	Plus-que-parfait
j'enlève	j'ai enlevé	j'enlevais	j'avais enlevé
tu enlèves	tu as enlevé	tu enlevais	tu avais enlevé
il enlève	il a enlevé	il enlevait	il avait enlevé
nous enlevons	nous avons enlevé	nous enlevions	nous avions enlevé
vous enlevez	vous avez enlevé	vous enleviez	vous aviez enlevé
ils enlèvent	ils ont enlevé	ils enlevaient	ils avaient enlevé
Passé simple	**Passé antérieur**	**Futur simple**	**Futur antérieur**
j'enlevai	j'eus enlevé	j'enlèverai	j'aurai enlevé
tu enlevas	tu eus enlevé	tu enlèveras	tu auras enlevé
il enleva	il eut enlevé	il enlèvera	il aura enlevé
nous enlevâmes	nous eûmes enlevé	nous enlèverons	nous aurons enlevé
vous enlevâtes	vous eûtes enlevé	vous enlèverez	vous aurez enlevé
ils enlevèrent	ils eurent enlevé	ils enlèveront	ils auront enlevé

CONDITIONNEL / IMPÉRATIF

Présent	Passé	Présent	Passé
j'enlèverais	j'aurais enlevé	enlève	aie enlevé
tu enlèverais	tu aurais enlevé	enlevons	ayons enlevé
il enlèverait	il aurait enlevé	enlevez	ayez enlevé
nous enlèverions	nous aurions enlevé		
vous enlèveriez	vous auriez enlevé		
ils enlèveraient	ils auraient enlevé		

SUBJONCTIF

Présent	Passé	Imparfait	Plus-que-parfait
que j'enlève	que j'aie enlevé	que j'enlevasse	que j'eusse enlevé
que tu enlèves	que tu aies enlevé	que tu enlevasses	que tu eusses enlevé
qu'il enlève	qu'il ait enlevé	qu'il enlevât	qu'il eût enlevé
que nous enlevions	que nous ayons enlevé	que nous enlevassions	que nous eussions enlevé
que vous enleviez	que vous ayez enlevé	que vous enlevassiez	que vous eussiez enlevé
qu'ils enlèvent	qu'ils aient enlevé	qu'ils enlevassent	qu'ils eussent enlevé

INFINITIF / PARTICIPE / GÉRONDIF

Présent	Passé	Présent	Passé	Présent	Passé
enlever	avoir enlevé	enlevant	enlevé	en enlevant	en ayant enlevé
			ayant enlevé		

Remarques et usage

▶ Pour certains verbes du 1er groupe en -e(consonne)er, e est remplacé par è aux trois personnes du singulier et à la 3e personne du pluriel au présent de l'indicatif et du subjonctif, à toutes les personnes au futur simple et au conditionnel présent, et à la 1re personne de l'impératif présent.

J'enlève mes chaussures. [ʒɑ̃lɛv]
Nous enlevons nos chaussures. [nuzɑ̃l(ə)vɔ̃]

J'ai enlevé mes chaussures. [ɑ̃l(ə)ve]
Enlève ta veste. [ɑ̃lɛv]
Enlevez toutes ces affaires. [ɑ̃l(ə)ve]
Tu as une tache sur ta chemise. Je l'enlèverai en rentrant. [lɑ̃lɛv(ə)ʀe]
Un enfant a été enlevé. (kidnappé). [ɑ̃l(ə)ve]

envoyer 16

INDICATIF

Présent	Passé composé	Imparfait	Plus-que-parfait
j'envoie	j'ai envoyé	j'envoyais	j'avais envoyé
tu envoies	tu as envoyé	tu envoyais	tu avais envoyé
il envoie	il a envoyé	il envoyait	il avait envoyé
nous envoyons	nous avons envoyé	nous envoyions	nous avions envoyé
vous envoyez	vous avez envoyé	vous envoyiez	vous aviez envoyé
ils envoient	ils ont envoyé	ils envoyaient	ils avaient envoyé
Passé simple	**Passé antérieur**	**Futur simple**	**Futur antérieur**
j'envoyai	j'eus envoyé	j'enverrai	j'aurai envoyé
tu envoyas	tu eus envoyé	tu enverras	tu auras envoyé
il envoya	il eut envoyé	il enverra	il aura envoyé
nous envoyâmes	nous eûmes envoyé	nous enverrons	nous aurons envoyé
vous envoyâtes	vous eûtes envoyé	vous enverrez	vous aurez envoyé
ils envoyèrent	ils eurent envoyé	ils enverront	ils auront envoyé

CONDITIONNEL

Présent	Passé
j'enverrais	j'aurais envoyé
tu enverrais	tu aurais envoyé
il enverrait	il aurait envoyé
nous enverrions	nous aurions envoyé
vous enverriez	vous auriez envoyé
ils enverraient	ils auraient envoyé

IMPÉRATIF

Présent	Passé
envoie	aie envoyé
envoyons	ayons envoyé
envoyez	ayez envoyé

SUBJONCTIF

Présent	Passé	Imparfait	Plus-que-parfait
que j'envoie	que j'aie envoyé	que j'envoyasse	que j'eusse envoyé
que tu envoies	que tu aies envoyé	que tu envoyasses	que tu eusses envoyé
qu'il envoie	qu'il ait envoyé	qu'il envoyât	qu'il eût envoyé
que nous envoyions	que nous ayons envoyé	que nous envoyassions	que nous eussions envoyé
que vous envoyiez	que vous ayez envoyé	que vous envoyassiez	que vous eussiez envoyé
qu'ils envoient	qu'ils aient envoyé	qu'ils envoyassent	qu'ils eussent envoyé

INFINITIF / PARTICIPE / GÉRONDIF

Présent	Passé	Présent	Passé	Présent	Passé
envoyer	avoir envoyé	envoyant	envoyé	en envoyant	en ayant envoyé
			ayant envoyé		

Remarques et usage

▶ Le y du verbe **envoyer** (et **renvoyer**) est remplacé par **i** devant un **e** muet (aux trois personnes du singulier et à la 3e personne du pluriel au présent de l'indicatif et du subjonctif, ainsi qu'à la 1re personne du présent de l'impératif).

Tu envoies des fleurs à ta mère pour la Fête des mères ? [ãvwa]

Envoie-moi le document dès que tu le peux. [ãvwa]

▶ Aux 1re et 2e personnes du pluriel de l'imparfait de l'indicatif et du présent du subjonctif, **y** est suivi d'un **i**.

Quand ils étaient petits, nous envoyions [nuzãvwajiɔ̃] *nos enfants en colonie de vacances, mais maintenant nous ne les envoyons* [lezãvwajɔ̃] *plus.*

▶ Verbe irrégulier au futur simple et au présent du conditionnel. Radical : **enverr-**

Je vous enverrai le contrat dès qu'il sera prêt. [vuzãvɛre]

81

verbes en **-é(.)er**
même conjugaison pour
considérer, posséder, exagérer, préférer, suggérer, ...

1er groupe

INDICATIF

Présent	Passé composé	Imparfait	Plus-que-parfait
j'espère	j'ai espéré	j'espérais	j'avais espéré
tu espères	tu as espéré	tu espérais	tu avais espéré
il espère	il a espéré	il espérait	il avait espéré
nous espérons	nous avons espéré	nous espérions	nous avions espéré
vous espérez	vous avez espéré	vous espériez	vous aviez espéré
ils espèrent	ils ont espéré	ils espéraient	ils avaient espéré
Passé simple	Passé antérieur	Futur simple	Futur antérieur
j'espérai	j'eus espéré	j'espérerai	j'aurai espéré
tu espéras	tu eus espéré	tu espéreras	tu auras espéré
il espéra	il eut espéré	il espérera	il aura espéré
nous espérâmes	nous eûmes espéré	nous espérerons	nous aurons espéré
vous espérâtes	vous eûtes espéré	vous espérerez	vous aurez espéré
ils espérèrent	ils eurent espéré	ils espéreront	ils auront espéré

CONDITIONNEL / IMPÉRATIF

Présent	Passé	Présent	Passé
j'espérerais	j'aurais espéré	espère	aie espéré
tu espérerais	tu aurais espéré	espérons	ayons espéré
il espérerait	il aurait espéré	espérez	ayez espéré
nous espérerions	nous aurions espéré		
vous espéreriez	vous auriez espéré		
ils espéreraient	ils auraient espéré		

SUBJONCTIF

Présent	Passé	Imparfait	Plus-que-parfait
que j'espère	que j'aie espéré	que j'espérasse	que j'eusse espéré
que tu espères	que tu aies espéré	que tu espérasses	que tu eusses espéré
qu'il espère	qu'il ait espéré	qu'il espérât	qu'il eût espéré
que nous espérions	que nous ayons espéré	que nous espérassions	que nous eussions espéré
que vous espériez	que vous ayez espéré	que vous espérassiez	que vous eussiez espéré
qu'ils espèrent	qu'ils aient espéré	qu'ils espérassent	qu'ils eussent espéré

INFINITIF / PARTICIPE / GÉRONDIF

Présent	Passé	Présent	Passé	Présent	Passé
espérer	avoir espéré	espérant	espéré	en espérant	en ayant espéré
			ayant espéré		

Remarques et usage

▶ Pour certains verbes du 1er groupe en **é(consonne)er**, é est remplacé par è aux trois personnes du singulier et à la 3e personne du pluriel au présent de l'indicatif et du subjonctif, ainsi qu'à la 1re personne de l'impératif présent.

J'espère vous voir bientôt. [ʒɛspɛʀ]
Nous espérons que vous avez fait bon voyage. [nuzɛspeʀɔ̃]

J'ai eu une augmentation de 500 euros. Je n'en espérais pas tant. [nãnɛspeʀɛ]
Au futur simple et au conditionnel présent, le é [e] est le plus souvent prononcé comme un e ouvert [ɛ].
La modification du é en è est toutefois possible. Espérer : j'espérerai, j'espérerais ou j'espèrerai, j'espèrerais.

verbes en -ier

même conjugaison pour
apprécier, copier, justifier, (se) marier, oublier, remercier, vérifier, ...

étudier 18

INDICATIF

Présent	Passé composé	Imparfait	Plus-que-parfait
j'étudie	j'ai étudié	j'étudiais	j'avais étudié
tu étudies	tu as étudié	tu étudiais	tu avais étudié
il étudie	il a étudié	il étudiait	il avait étudié
nous étudions	nous avons étudié	nous étudiions	nous avions étudié
vous étudiez	vous avez étudié	vous étudiiez	vous aviez étudié
ils étudient	ils ont étudié	ils étudiaient	ils avaient étudié
Passé simple	**Passé antérieur**	**Futur simple**	**Futur antérieur**
j'étudiai	j'eus étudié	j'étudierai	j'aurai étudié
tu étudias	tu eus étudié	tu étudieras	tu auras étudié
il étudia	il eut étudié	il étudiera	il aura étudié
nous étudiâmes	nous eûmes étudié	nous étudierons	nous aurons étudié
vous étudiâtes	vous eûtes étudié	vous étudierez	vous aurez étudié
ils étudièrent	ils eurent étudié	ils étudieront	ils auront étudié

CONDITIONNEL

Présent	Passé
j'étudierais	j'aurais étudié
tu étudierais	tu aurais étudié
il étudierait	il aurait étudié
nous étudierions	nous aurions étudié
vous étudieriez	vous auriez étudié
ils étudieraient	ils auraient étudié

IMPÉRATIF

Présent	Passé
étudie	aie étudié
étudions	ayons étudié
étudiez	ayez étudié

SUBJONCTIF

Présent	Passé	Imparfait	Plus-que-parfait
que j'étudie	que j'aie étudié	que j'étudiasse	que j'eusse étudié
que tu étudies	que tu aies étudié	que tu étudiasses	que tu eusses étudié
qu'il étudie	qu'il ait étudié	qu'il étudiât	qu'il eût étudié
que nous étudiions	que nous ayons étudié	que nous étudiassions	que nous eussions étudié
que vous étudiiez	que vous ayez étudié	que vous étudiassiez	que vous eussiez étudié
qu'ils étudient	qu'ils aient étudié	qu'ils étudiassent	qu'ils eussent étudié

INFINITIF | PARTICIPE | GÉRONDIF

Présent	Passé	Présent	Passé	Présent	Passé
étudier	avoir étudié	étudiant	étudié	en étudiant	en ayant étudié
			ayant étudié		

Remarques et usage

▸ Ne pas oublier de prononcer le **i** au présent.

J'étudie le français. [ʒetydi]

Nous étudions [nuzetydjɔ̃] *l'anglais et vous étudiez l'espagnol.* [vuzetydje]

▸ À l'imparfait, le verbe prend deux **i** aux 1ʳᵉ et 2ᵉ personnes du pluriel.

Autrefois, nous étudiions [nuzetydijɔ̃] *le latin, et vous, vous l'étudiiez* [letydije] *aussi ?*

▸ Au futur simple et au conditionnel présent, le **e** n'est pas prononcé.

L'année prochaine, Nathalie étudiera le grec. [etydiʁa]

S'ils avaient plus de temps, ils étudieraient la littérature. [ilzetydiʁɛ]

19 jouer

1er groupe

INDICATIF

Présent	Passé composé	Imparfait	Plus-que-parfait
je joue	j'ai joué	je jouais	j'avais joué
tu joues	tu as joué	tu jouais	tu avais joué
il joue	il a joué	il jouait	il avait joué
nous jouons	nous avons joué	nous jouions	nous avions joué
vous jouez	vous avez joué	vous jouiez	vous aviez joué
ils jouent	ils ont joué	ils jouaient	ils avaient joué
Passé simple	**Passé antérieur**	**Futur simple**	**Futur antérieur**
je jouai	j'eus joué	je jouerai	j'aurai joué
tu jouas	tu eus joué	tu joueras	tu auras joué
il joua	il eut joué	il jouera	il aura joué
nous jouâmes	nous eûmes joué	nous jouerons	nous aurons joué
vous jouâtes	vous eûtes joué	vous jouerez	vous aurez joué
ils jouèrent	ils eurent joué	ils joueront	ils auront joué

CONDITIONNEL

Présent	Passé
je jouerais	j'aurais joué
tu jouerais	tu aurais joué
il jouerait	il aurait joué
nous jouerions	nous aurions joué
vous joueriez	vous auriez joué
ils joueraient	ils auraient joué

IMPÉRATIF

Présent	Passé
joue	aie joué
jouons	ayons joué
jouez	ayez joué

SUBJONCTIF

Présent	Passé	Imparfait	Plus-que-parfait
que je joue	que j'aie joué	que je jouasse	que j'eusse joué
que tu joues	que tu aies joué	que tu jouasses	que tu eusses joué
qu'il joue	qu'il ait joué	qu'il jouât	qu'il eût joué
que nous jouions	que nous ayons joué	que nous jouassions	que nous eussions joué
que vous jouiez	que vous ayez joué	que vous jouassiez	que vous eussiez joué
qu'ils jouent	qu'ils aient joué	qu'ils jouassent	qu'ils eussent joué

INFINITIF / PARTICIPE / GÉRONDIF

Présent	Passé	Présent	Passé	Présent	Passé
jouer	avoir joué	jouant	joué ayant joué	en jouant	en ayant joué

Remarques et usage

▶ *Marc joue dans le jardin.* [ʒu]
Vous jouez avec nous ? [ʒwe]
Elle a bien joué. [ʒwe]
Autrefois, nous jouions aux dominos. [ʒujɔ̃]
Ils jouaient seuls. [ʒwɛ]
Elle ne veut pas que vous jouiez dans le salon.
[ʒuje]

▶ Au futur simple et au conditionnel, le **e** ne se pro-
nonce pas.
Tu joueras avec moi après l'école ? [ʒuʀa]
Aujourd'hui, ils ne joueront pas. [ʒuʀɔ̃]
Si j'avais le temps, je jouerais avec toi. [ʒuʀɛ]
Nous jouerions bien aux cartes. [ʒuʀjɔ̃]
Vous joueriez avec nous ? [ʒuʀje]

▷ **Jouer + nom**
Miser, risquer
Jeanine joue beaucoup d'argent au casino.
Georges joue sa carrière sur cette affaire.

Faire la comédie
Arrête de jouer le malheureux !
Il joue les durs.

▷ **Jouer avec + nom ou pronom**
S'amuser
Louis a joué avec son chien.
Le chat joue avec un jouet en plastique.
Tu veux jouer avec moi ?

⚠ **Jouer avec** peut avoir d'autres sens.
Il joue avec sa vie.
(Il met sa vie en danger.)
Elle joue avec le feu.
(Elle commet des imprudences.)

▷ **Jouer contre + nom ou pronom**
S'affronter
Les rouges jouent contre les bleus.
Nous jouons contre vous.

▷ **Jouer à**
Jouer à + infinitif (jeu)
Les enfants jouent à sauter dans les flaques d'eau.

Jouer à + nom de jeu
Les petits garçons jouent au ballon.
Les petites filles jouent à la marelle et à l'élastique.
Nous jouerons aux cartes.
Est-ce que vous jouez au Loto ?
Les enfants jouent à cache-cache.

Jouer à + sport (+ idée de jeu)
Jacques joue au football. (ou : *fait du football*)
Isabelle joue au basket. (ou : *fait du basket-ball*)
Sophie joue au tennis. (ou : *fait du tennis*)
Mais :
Lili fait de l'équitation.
Sarah fait de la natation.
Maxime fait du cyclisme.

▷ **Jouer de + instrument de musique**
Julie joue du piano.
Arnaud joue du violon et de la guitare.
Charles joue des cymbales.

▷ **Jouer (pièce, film, morceau de musique)**
Tu connais l'acteur qui a joué dans la pièce hier soir ? Il jouait très bien.
Malheureusement, on ne joue plus le film que je voulais voir.
Le pianiste a joué une sonate de Bach.
Cette pièce se joue depuis des années. (se jouer : sens passif)

▷ **Se jouer (jeu)**
C'est un jeu qui se joue à deux.

▷ **Se jouer de :** triompher avec facilité
Elle se joue des difficultés qu'elle rencontre au travail.

▷ **Expressions**
*Faites attention à lui, il **joue double jeu**.*
(Agir pour tromper quelqu'un.)
Bien joué ! (Bravo !)
*À **vous de jouer**.* (C'est à vous d'agir.)
*Je vais **jouer le jeu**.*
(Respecter un code, des règles imposées.)

verbes en -**eter** 2e type
même conjugaison pour
étiqueter, feuilleter, projeter, rejeter, ...

INDICATIF

Présent	Passé composé	Imparfait	Plus-que-parfait
je jette	j'ai jeté	je jetais	j'avais jeté
tu jettes	tu as jeté	tu jetais	tu avais jeté
il jette	il a jeté	il jetait	il avait jeté
nous jetons	nous avons jeté	nous jetions	nous avions jeté
vous jetez	vous avez jeté	vous jetiez	vous aviez jeté
ils jettent	ils ont jeté	ils jetaient	ils avaient jeté
Passé simple	**Passé antérieur**	**Futur simple**	**Futur antérieur**
je jetai	j'eus jeté	je jetterai	j'aurai jeté
tu jetas	tu eus jeté	tu jetteras	tu auras jeté
il jeta	il eut jeté	il jettera	il aura jeté
nous jetâmes	nous eûmes jeté	nous jetterons	nous aurons jeté
vous jetâtes	vous eûtes jeté	vous jetterez	vous aurez jeté
ils jetèrent	ils eurent jeté	ils jetteront	ils auront jeté

CONDITIONNEL / IMPÉRATIF

Présent	Passé	Présent	Passé
je jetterais	j'aurais jeté	jette	aie jeté
tu jetterais	tu aurais jeté	jetons	ayons jeté
il jetterait	il aurait jeté	jetez	ayez jeté
nous jetterions	nous aurions jeté		
vous jetteriez	vous auriez jeté		
ils jetteraient	ils auraient jeté		

SUBJONCTIF

Présent	Passé	Imparfait	Plus-que-parfait
que je jette	que j'aie jeté	que je jetasse	que j'eusse jeté
que tu jettes	que tu aies jeté	que tu jetasses	que tu eusses jeté
qu'il jette	qu'il ait jeté	qu'il jetât	qu'il eût jeté
que nous jetions	que nous ayons jeté	que nous jetassions	que nous eussions jeté
que vous jetiez	que vous ayez jeté	que vous jetassiez	que vous eussiez jeté
qu'ils jettent	qu'ils aient jeté	qu'ils jetassent	qu'ils eussent jeté

INFINITIF / PARTICIPE / GÉRONDIF

Présent	Passé	Présent	Passé	Présent	Passé
jeter	avoir jeté	jetant	jeté	en jetant	en ayant jeté
			ayant jeté		

Remarques et usage

▶ La plupart des verbes en -**eter** doublent le **t** aux trois personnes du singulier et à la 3e personne du pluriel du présent de l'indicatif et du subjonctif, à toutes les personnes du futur simple et du conditionnel présent, ainsi qu'à la 1re personne du présent de l'impératif.

Je jette les détritus à la poubelle.
Il faut que tu jettes ce vieux manteau.

Tu as jeté tes vieilles chaussures ?
Quand il a dit que l'inspecteur viendrait bientôt, cela a jeté un froid. (provoquer un malaise)
Jette un coup d'œil à ce contrat quand tu auras le temps. (regarder rapidement)
Allez, jetez-vous à l'eau ! (ne pas hésiter, passer à l'action)
Le meurtrier a été jeté en prison. (être mis)

même conjugaison pour
changer, corriger, déménager, diriger, ranger, voyager, ...

manger 21

1er groupe

INDICATIF

Présent	Passé composé	Imparfait	Plus-que-parfait
je mange	j'ai mangé	je mangeais	j'avais mangé
tu manges	tu as mangé	tu mangeais	tu avais mangé
il mange	il a mangé	il mangeait	il avait mangé
nous mangeons	nous avons mangé	nous mangions	nous avions mangé
vous mangez	vous avez mangé	vous mangiez	vous aviez mangé
ils mangent	ils ont mangé	ils mangeaient	ils avaient mangé
Passé simple	**Passé antérieur**	**Futur simple**	**Futur antérieur**
je mangeai	j'eus mangé	je mangerai	j'aurai mangé
tu mangeas	tu eus mangé	tu mangeras	tu auras mangé
il mangea	il eut mangé	il mangera	il aura mangé
nous mangeâmes	nous eûmes mangé	nous mangerons	nous aurons mangé
vous mangeâtes	vous eûtes mangé	vous mangerez	vous aurez mangé
ils mangèrent	ils eurent mangé	ils mangeront	ils auront mangé

CONDITIONNEL / IMPÉRATIF

Présent	Passé	Présent	Passé
je mangerais	j'aurais mangé	mange	aie mangé
tu mangerais	tu aurais mangé	mangeons	ayons mangé
il mangerait	il aurait mangé	mangez	ayez mangé
nous mangerions	nous aurions mangé		
vous mangeriez	vous auriez mangé		
ils mangeraient	ils auraient mangé		

SUBJONCTIF

Présent	Passé	Imparfait	Plus-que-parfait
que je mange	que j'aie mangé	que je mangeasse	que j'eusse mangé
que tu manges	que tu aies mangé	que tu mangeasses	que tu eusses mangé
qu'il mange	qu'il ait mangé	qu'il mangeât	qu'il eût mangé
que nous mangions	que nous ayons mangé	que nous mangeassions	que nous eussions mangé
que vous mangiez	que vous ayez mangé	que vous mangeassiez	que vous eussiez mangé
qu'ils mangent	qu'ils aient mangé	qu'ils mangeassent	qu'ils eussent mangé

INFINITIF / PARTICIPE / GÉRONDIF

Présent	Passé	Présent	Passé	Présent	Passé
manger	avoir mangé	mangeant	mangé ayant mangé	en mangeant	en ayant mangé

Remarques et usage

▸ Un **e** est placé entre le **g** et les voyelles **a** et **o** pour maintenir le son [phonétique] des verbes en -**ger**.

Je mange des fruits et des légumes. [mɑ̃ʒ]
Nous mangeons des pâtes. [mɑ̃ʒɔ̃]
Tu as mangé quelque chose ce matin ? [mɑ̃ʒe]

Autrefois, je mangeais beaucoup de pain. [mɑ̃ʒɛ]
Avant, nous mangions souvent au restaurant. [mɑ̃ʒjɔ̃]
Il ne faut pas parler en mangeant. [mɑ̃ʒɑ̃]
Je vais acheter quelque chose à manger. [mɑ̃ʒe]
Il n'y a rien à manger.

22 payer

verbes en **-ayer**
même conjugaison pour
balayer, bégayer, effrayer, essayer, rayer, ...

1er groupe

INDICATIF

Présent	Passé composé	Imparfait	Plus-que-parfait
je paie/paye	j'ai payé	je payais	j'avais payé
tu paies/payes	tu as payé	tu payais	tu avais payé
il paie/paye	il a payé	il payait	il avait payé
nous payons	nous avons payé	nous payions	nous avions payé
vous payez	vous avez payé	vous payiez	vous aviez payé
ils paient/payent	ils ont payé	ils payaient	ils avaient payé
Passé simple	**Passé antérieur**	**Futur simple**	**Futur antérieur**
je payai	j'eus payé	je paierai/payerai	j'aurai payé
tu payas	tu eus payé	tu paieras/payeras	tu auras payé
il paya	il eut payé	il paiera/payera	il aura payé
nous payâmes	nous eûmes payé	nous paierons/payerons	nous aurons payé
vous payâtes	vous eûtes payé	vous paierez/payerez	vous aurez payé
ils payèrent	ils eurent payé	ils paieront/payeront	ils auront payé

CONDITIONNEL / IMPÉRATIF

Présent	Passé	Présent	Passé
je paierais/payerais	j'aurais payé	paie/paye	aie payé
tu paierais/payerais	tu aurais payé	payons	ayons payé
il paierait/payerait	il aurait payé	payez	ayez payé
nous paierions/payerions	nous aurions payé		
vous paieriez/payeriez	vous auriez payé		
ils paieraient/payeraient	ils auraient payé		

SUBJONCTIF

Présent	Passé	Imparfait	Plus-que-parfait
que je paie/paye	que j'aie payé	que je payasse	que j'eusse payé
que tu paies/payes	que tu aies payé	que tu payasses	que tu eusses payé
qu'il paie/paye	qu'il ait payé	qu'il payât	qu'il eût payé
que nous payions	que nous ayons payé	que nous payassions	que nous eussions payé
que vous payiez	que vous ayez payé	que vous payassiez	que vous eussiez payé
qu'ils paient/payent	qu'ils aient payé	qu'ils payassent	qu'ils eussent payé

INFINITIF / PARTICIPE / GÉRONDIF

Présent	Passé	Présent	Passé	Présent	Passé
payer	avoir payé	payant	payé	en payant	en ayant payé
			ayant payé		

Remarques et usage

▶ Les verbes en -**ayer** ont deux conjugaisons : **y** peut être remplacé par **i** devant un **e** muet (aux trois personnes du singulier et à la 3e personne du pluriel au présent de l'indicatif et du subjonctif ; à la 1re personne du présent de l'impératif et à toutes les personnes du futur simple et du conditionnel présent).

La forme avec **i** *(paie)* est un peu plus recherchée.

Je paye [pɛj] / *Je paie* [pɛ] *en espèces.*
Je vous payerai [pɛjʀe] / *paierai* [pɛʀe] *demain.*

Il faut que tu payes [pɛj] / *tu paies* [pɛ].
Paye [pɛj] / *Paie* [pɛ] *avec ta carte bleue.*

▶ Aux 1re et 2e personnes du pluriel de l'imparfait de l'indicatif et du présent du subjonctif, **y** est suivi d'un **i**.

Autrefois, nous payions plus souvent par chèque. [pɛjjɔ̃]
J'aimerais que vous payiez cette facture avant la fin de la semaine. [pɛjje]

payer 22

▸ **Payer** peut avoir des sens différents :

Payer : acheter
J'ai payé mon vélo 500 euros.
Je l'ai payé très cher.

Payer : régler
Vous payez votre loyer le 1er de chaque mois.
Quand il aura payé ses impôts, il ne lui restera plus d'argent.
C'est toi qui as payé l'addition ?
J'ai payé par chèque.

Payer : rembourser
Tu dois payer tes dettes.

Payer cher quelque chose : subir les conséquences de quelque chose
Il a insulté son professeur, il l'a payé très cher.

Se payer : être payé
Tous les achats se payent/paient au rez-de-chaussée.

Payer comptant : toute la somme en une fois
Tu as acheté une voiture ? – Oui, et je l'ai payée comptant.

Payer pour : être puni à la place de quelqu'un d'autre
C'est moi qui ai payé pour toute la classe.
(J'ai été puni à la place de tous les autres.)

▸ **Payer** est souvent utilisé en français familier :

Payer : qui est profitable
Il a un travail qui paye / paie très bien.

Payer : offrir
Je te paye un café ? (Je t'offre un café ?)
Pour mon anniversaire, Jean m'a payé une montre en or.

Se payer : s'offrir
On s'est payé un week-end à Monaco.
Je me suis payé une nouvelle voiture.

Se payer la tête de quelqu'un : se moquer de quelqu'un
(généralement utilisé dans une question)
Non mais, tu te payes ma tête ?
(Tu te moques de moi ?)

Payer : se venger de quelqu'un
Tu me le paieras / payeras !
(Je me vengerai de toi.)

Payer de sa poche
J'ai dû payer de ma poche.
(Avec mon argent personnel.)

Se payer : recevoir (contexte négatif)
Je me suis payé une amende.

Se payer : heurter
Il conduisait trop vite ; il s'est payé un arbre.

23 s'ennuyer

verbe pronominal en -uyer

1er groupe

INDICATIF

Présent	Passé composé	Imparfait	Plus-que-parfait
je m'ennuie	je me suis ennuyé	je m'ennuyais	je m'étais ennuyé
tu t'ennuies	tu t'es ennuyé	tu t'ennuyais	tu t'étais ennuyé
il s'ennuie	il s'est ennuyé	il s'ennuyait	il s'était ennuyé
nous nous ennuyons	nous nous sommes ennuyés	nous nous ennuyions	nous nous étions ennuyés
vous vous ennuyez	vous vous êtes ennuyés	vous vous ennuyiez	vous vous étiez ennuyés
ils s'ennuient	ils se sont ennuyés	ils s'ennuyaient	ils s'étaient ennuyés

Passé simple	Passé antérieur	Futur simple	Futur antérieur
je m'ennuyai	je me fus ennuyé	je m'ennuierai	je me serai ennuyé
tu t'ennuyas	tu te fus ennuyé	tu t'ennuieras	tu te seras ennuyé
il s'ennuya	il se fut ennuyé	il s'ennuiera	il se sera ennuyé
nous nous ennuyâmes	nous nous fûmes ennuyés	nous nous ennuierons	nous nous serons ennuyés
vous vous ennuyâtes	vous vous fûtes ennuyés	vous vous ennuierez	vous vous serez ennuyés
ils s'ennuyèrent	ils se furent ennuyés	ils s'ennuieront	ils se seront ennuyés

CONDITIONNEL

Présent	Passé
je m'ennuierais	je me serais ennuyé
tu t'ennuierais	tu te serais ennuyé
il s'ennuierait	il se serait ennuyé
nous nous ennuierions	nous nous serions ennuyés
vous vous ennuieriez	vous vous seriez ennuyés
ils s'ennuieraient	ils se seraient ennuyés

IMPÉRATIF

Présent	Passé
ennuie-toi	–
ennuyons-nous	–
ennuyez-vous	–

SUBJONCTIF

Présent	Passé	Imparfait	Plus-que-parfait
que je m'ennuie	que je me sois ennuyé	que je m'ennuyasse	que je me fusse ennuyé
que tu t'ennuies	que tu te sois ennuyé	que tu t'ennuyasses	que tu te fusses ennuyé
qu'il s'ennuie	qu'il se soit ennuyé	qu'il s'ennuyât	qu'il se fût ennuyé
que nous nous ennuyions	que nous nous soyons ennuyés	que nous nous ennuyassions	que ns ns fussions ennuyés
que vous vous ennuyiez	que vous vous soyez ennuyés	que vous vous ennuyassiez	que vs vs fussiez ennuyés
qu'ils s'ennuient	qu'ils se soient ennuyés	qu'ils s'ennuyassent	qu'ils se fussent ennuyés

INFINITIF / PARTICIPE / GÉRONDIF

Présent	Passé	Présent	Passé	Présent	Passé
s'ennuyer	s'être ennuyé	s'ennuyant	ennuyé / s'étant ennuyé	en s'ennuyant	en s'étant ennuyé

Remarques et usage

⚠ Il n'existe pas de passé de l'impératif pour les verbes pronominaux.

▷ Le **y** des verbes en -**uyer** est remplacé par **i** devant un **e** muet (aux trois personnes du singulier et à la 3e personne du pluriel au présent de l'indicatif et du subjonctif ; à la 1re personne du présent de l'impératif ; et à toutes les personnes du futur simple et du conditionnel présent).

Tu t'es bien amusé à la fête ? – Non, je me suis ennuyé, je m'ennuie toujours dans ce genre de fête. Si j'étais allé au cinéma, je ne me serais pas ennuyé.

▷ Aux 1re et 2e personnes du pluriel de l'imparfait de l'indicatif et du présent du subjonctif, **y** est suivi d'un **i**.

Je ne comprends pas que vous vous ennuyiez en classe. [vuzãnɥije]

se dépêcher 24

INDICATIF

Présent	Passé composé	Imparfait	Plus-que-parfait
je me dépêche	je me suis dépêché	je me dépêchais	je m'étais dépêché
tu te dépêches	tu t'es dépêché	tu te dépêchais	tu t'étais dépêché
il se dépêche	il s'est dépêché	il se dépêchait	il s'était dépêché
nous nous dépêchons	nous nous sommes dépêchés	nous nous dépêchions	nous nous étions dépêchés
vous vous dépêchez	vous vous êtes dépêchés	vous vous dépêchiez	vous vous étiez dépêchés
ils se dépêchent	ils se sont dépêchés	ils se dépêchaient	ils s'étaient dépêchés
Passé simple	**Passé antérieur**	**Futur simple**	**Futur antérieur**
je me dépêchai	je me fus dépêché	je me dépêcherai	je me serai dépêché
tu te dépêchas	tu te fus dépêché	tu te dépêcheras	tu te seras dépêché
il se dépêcha	il se fut dépêché	il se dépêchera	il se sera dépêché
nous nous dépêchâmes	nous nous fûmes dépêchés	nous nous dépêcherons	nous nous serons dépêchés
vous vous dépêchâtes	vous vous fûtes dépêchés	vous vous dépêcherez	vous vous serez dépêchés
ils se dépêchèrent	ils se furent dépêchés	ils se dépêcheront	ils se seront dépêchés

CONDITIONNEL · IMPÉRATIF

Présent	Passé	Présent	Passé
je me dépêcherais	je me serais dépêché	dépêche-toi	–
tu te dépêcherais	tu te serais dépêché	dépêchons-nous	–
il se dépêcherait	il se serait dépêché	dépêchez-vous	–
nous nous dépêcherions	nous nous serions dépêchés		
vous vous dépêcheriez	vous vous seriez dépêchés		
ils se dépêcheraient	ils se seraient dépêchés		

SUBJONCTIF

Présent	Passé	Imparfait	Plus-que-parfait
que je me dépêche	que je me sois dépêché	que je me dépêchasse	que je me fusse dépêché
que tu te dépêches	que tu te sois dépêché	que tu te dépêchasses	que tu te fusses dépêché
qu'il se dépêche	qu'il se soit dépêché	qu'il se dépêchât	qu'il se fût dépêché
que nous nous dépêchions	que ns ns soyons dépêchés	que nous nous dépêchassions	que ns ns fussions dépêchés
que vous vous dépêchiez	que vs vs soyez dépêchés	que vous vous dépêchassiez	que vs vs fussiez dépêchés
qu'ils se dépêchent	qu'ils se soient dépêchés	qu'ils se dépêchassent	qu'ils se fussent dépêchés

INFINITIF · PARTICIPE · GÉRONDIF

Présent	Passé	Présent	Passé	Présent	Passé
se dépêcher	s'être dépêché	se dépêchant	dépêché s'étant dépêché	en se dépêchant	en s'étant dépêché

Remarques et usage

▶ Les verbes en -ê(.)er maintiennent l'accent circonflexe dans toutes les conjugaisons.

▶ Le verbe **se dépêcher** est un verbe pronominal du 1er groupe.

▶ Le participe passé de **se dépêcher** s'accorde avec le sujet.
Elle s'est dépêchée car elle était en retard.

▶ Il est très fréquent au présent de l'impératif.
Allez, dépêche-toi, tu vas être en retard.
Ne vous dépêchez pas, nous avons le temps.

⚠ Il n'existe pas de passé de l'impératif pour les verbes pronominaux.

travailler

verbes en **-iller**
même conjugaison pour
briller, conseiller, s'habiller, se réveiller, ...

1er groupe

INDICATIF

Présent	Passé composé	Imparfait	Plus-que-parfait
je travaille	j'ai travaillé	je travaillais	j'avais travaillé
tu travailles	tu as travaillé	tu travaillais	tu avais travaillé
il travaille	il a travaillé	il travaillait	il avait travaillé
nous travaillons	nous avons travaillé	nous travaillions	nous avions travaillé
vous travaillez	vous avez travaillé	vous travailliez	vous aviez travaillé
ils travaillent	ils ont travaillé	ils travaillaient	ils avaient travaillé
Passé simple	**Passé antérieur**	**Futur simple**	**Futur antérieur**
je travaillai	j'eus travaillé	je travaillerai	j'aurai travaillé
tu travaillas	tu eus travaillé	tu travailleras	tu auras travaillé
il travailla	il eut travaillé	il travaillera	il aura travaillé
nous travaillâmes	nous eûmes travaillé	nous travaillerons	nous aurons travaillé
vous travaillâtes	vous eûtes travaillé	vous travaillerez	vous aurez travaillé
ils travaillèrent	ils eurent travaillé	ils travailleront	ils auront travaillé

CONDITIONNEL

Présent	Passé
je travaillerais	j'aurais travaillé
tu travaillerais	tu aurais travaillé
il travaillerait	il aurait travaillé
nous travaillerions	nous aurions travaillé
vous travailleriez	vous auriez travaillé
ils travailleraient	ils auraient travaillé

IMPÉRATIF

Présent	Passé
travaille	aie travaillé
travaillons	ayons travaillé
travaillez	ayez travaillé

SUBJONCTIF

Présent	Passé	Imparfait	Plus-que-parfait
que je travaille	que j'aie travaillé	que je travaillasse	que j'eusse travaillé
que tu travailles	que tu aies travaillé	que tu travaillasses	que tu eusses travaillé
qu'il travaille	qu'il ait travaillé	qu'il travaillât	qu'il eût travaillé
que nous travaillions	que nous ayons travaillé	que nous travaillassions	que nous eussions travaillé
que vous travailliez	que vous ayez travaillé	que vous travaillassiez	que vous eussiez travaillé
qu'ils travaillent	qu'ils aient travaillé	qu'ils travaillassent	qu'ils eussent travaillé

INFINITIF

Présent	Passé
travailler	avoir travaillé

PARTICIPE

Présent	Passé
travaillant	travaillé ayant travaillé

GÉRONDIF

Présent	Passé
en travaillant	en ayant travaillé

Remarques et usage

▸ *Je travaille dans une agence de voyages.* [travaj]
Mes parents ne travaillent plus, ils sont à la retraite. [travaj]
Il a raté son examen car il n'a pas assez travaillé. [travaje]
Nous travaillons notre anglais avant de partir en Angleterre. [travajɔ̃]
Vous travaillez ? [travaje]

▸ Attention à l'orthographe et à la prononciation de l'imparfait aux 1re et 2e personnes du pluriel.
Autrefois, nous travaillions dans une usine. [travajjɔ̃]
Vous travailliez quand vous habitiez à Berlin ? [travajje]

verbes en -ir
même conjugaison pour
applaudir, choisir, grandir, grossir, ...

finir 26

2ᵉ groupe

INDICATIF

Présent	Passé composé	Imparfait	Plus-que-parfait
je finis	j'ai fini	je finissais	j'avais fini
tu finis	tu as fini	tu finissais	tu avais fini
il finit	il a fini	il finissait	il avait fini
nous finissons	nous avons fini	nous finissions	nous avions fini
vous finissez	vous avez fini	vous finissiez	vous aviez fini
ils finissent	ils ont fini	ils finissaient	ils avaient fini
Passé simple	**Passé antérieur**	**Futur simple**	**Futur antérieur**
je finis	j'eus fini	je finirai	j'aurai fini
tu finis	tu eus fini	tu finiras	tu auras fini
il finit	il eut fini	il finira	il aura fini
nous finîmes	nous eûmes fini	nous finirons	nous aurons fini
vous finîtes	vous eûtes fini	vous finirez	vous aurez fini
ils finirent	ils eurent fini	ils finiront	ils auront fini

CONDITIONNEL

Présent	Passé
je finirais	j'aurais fini
tu finirais	tu aurais fini
il finirait	il aurait fini
nous finirions	nous aurions fini
vous finiriez	vous auriez fini
ils finiraient	ils auraient fini

IMPÉRATIF

Présent	Passé
finis	aie fini
finissons	ayons fini
finissez	ayez fini

SUBJONCTIF

Présent	Passé	Imparfait	Plus-que-parfait
que je finisse	que j'aie fini	que je finisse	que j'eusse fini
que tu finisses	que tu aies fini	que tu finisses	que tu eusses fini
qu'il finisse	qu'il ait fini	qu'il finît	qu'il eût fini
que nous finissions	que nous ayons fini	que nous finissions	que nous eussions fini
que vous finissiez	que vous ayez fini	que vous finissiez	que vous eussiez fini
qu'ils finissent	qu'ils aient fini	qu'ils finissent	qu'ils eussent fini

INFINITIF / PARTICIPE / GÉRONDIF

Présent	Passé	Présent	Passé	Présent	Passé
finir	avoir fini	finissant	fini	en finissant	en ayant fini
			ayant fini		

Remarques et usage

▶ **Finir** est un verbe type en **-ir** avec le participe présent en **-issant**.
Au passé simple, les trois personnes du singulier sont identiques à celles du présent de l'indicatif.
Je finis tous les soirs à 18 heures.
Il finit son verre, se leva et sortit.

▶ **Finir de** : terminer
Nous avons fini de discuter.

▶ **Finir par** : arriver à un résultat
Les employés ont fini par accepter les propositions de la direction.

▶ **En finir** : arrêter une situation désagréable
Finissons-en avec ces disputes !

INDICATIF

Présent	Passé composé	Imparfait	Plus-que-parfait
je hais	j'ai haï	je haïssais	j'avais haï
tu hais	tu as haï	tu haïssais	tu avais haï
il hait	il a haï	il haïssait	il avait haï
nous haïssons	nous avons haï	nous haïssions	nous avions haï
vous haïssez	vous avez haï	vous haïssiez	vous aviez haï
ils haïssent	ils ont haï	ils haïssaient	ils avaient haï
Passé simple	**Passé antérieur**	**Futur simple**	**Futur antérieur**
je haïs	j'eus haï	haï je haïrai	j'aurai haï
tu haïs	tu eus haï	tu haïras	tu auras haï
il haït	il eut haï	il haïra	il aura haï
nous haïmes	nous eûmes haï	nous haïrons	nous aurons haï
vous haïtes	vous eûtes haï	vous haïrez	vous aurez haï
ils haïrent	ils eurent	ils haïront	ils auront haï

CONDITIONNEL / IMPÉRATIF

Présent	Passé	Présent	Passé
je haïrais	j'aurais haï	hais	aie haï
tu haïrais	tu aurais haï	haïssons	ayons haï
il haïrait	il aurait haï	haïssez	ayez haï
nous haïrions	nous aurions haï		
vous haïriez	vous auriez haï		
ils haïraient	ils auraient haï		

SUBJONCTIF

Présent	Passé	Imparfait	Plus-que-parfait
que je haïsse	que j'aie haï	que je haïsse	que j'eusse haï
que tu haïsses	que tu aies haï	que tu haïsses	que tu eusses haï
qu'il haïsse	qu'il ait haï	qu'il haït	qu'il eût haï
que nous haïssions	que nous ayons haï	que nous haïssions	que nous eussions haï
que vous haïssiez	que vous ayez haï	que vous haïssiez	que vous eussiez haï
qu'ils haïssent	qu'ils aient haï	qu'ils haïssent	qu'ils eussent haï

INFINITIF / PARTICIPE / GÉRONDIF

Présent	Passé	Présent	Passé	Présent	Passé
haïr	avoir haï	haïssant	haï	en haïssant	en ayant haï
			ayant haï		

Remarques et usage

▶ **Haïr** est le seul verbe en -**ïr** (avec un tréma sur le **i**). Au présent de l'indicatif et de l'impératif, le tréma disparaît au singulier.
hais, hais, hait [ε]
haïssons [aisɔ̃]
haïssez [aise] *haïssent* [ais]

▶ Le **h** de **haïr** est aspiré, il n'y a donc pas d'élision.
Je hais cet homme qui ne respecte personne. [ʒəε]
Il ne hait pas son frère, il a seulement des diffé-rends avec lui. [nəε]

▶ Au passé simple de l'indicatif et à l'imparfait du subjonctif, le tréma est maintenu et il n'y a donc pas d'accent circonflexe.
Pendant des mois, ils haïrent leur professeur. [aiʀ]

verbes en -oître
même conjugaison pour
croître*, décroître *et* recroître

accroître 28

INDICATIF

Présent	Passé composé	Imparfait	Plus-que-parfait
j'accrois	j'ai accru	j'accroissais	j'avais accru
tu accrois	tu as accru	tu accroissais	tu avais accru
il accroît	il a accru	il accroissait	il avait accru
nous accroissons	nous avons accru	nous accroissions	nous avions accru
vous accroissez	vous avez accru	vous accroissiez	vous aviez accru
ils accroissent	ils ont accru	ils accroissaient	ils avaient accru
Passé simple	**Passé antérieur**	**Futur simple**	**Futur antérieur**
j'accrus	j'eus accru	j'accroîtrai	j'aurai accru
tu accrus	tu eus accru	tu accroîtras	tu auras accru
il accrut	il eut accru	il accroîtra	il aura accru
nous accrûmes	nous eûmes accru	nous accroîtrons	nous aurons accru
vous accrûtes	vous eûtes accru	vous accroîtrez	vous aurez accru
ils accrurent	ils eurent accru	ils accroîtront	ils auront accru

CONDITIONNEL / IMPÉRATIF

Présent	Passé	Présent	Passé
j'accroîtrais	j'aurais accru	accrois	aie accru
tu accroîtrais	tu aurais accru	accroissons	ayons accru
il accroîtrait	il aurait accru	accroissez	ayez accru
nous accroîtrions	nous aurions accru		
vous accroîtriez	vous auriez accru		
ils accroîtraient	ils auraient accru		

SUBJONCTIF

Présent	Passé	Imparfait	Plus-que-parfait
que j'accroisse	que j'aie accru	que j'accrusse	que j'eusse accru
que tu accroisses	que tu aies accru	que tu accrusses	que tu eusses accru
qu'il accroisse	qu'il ait accru	qu'il accrût	qu'il eût accru
que nous accroissions	que nous ayons accru	que nous accrussions	que nous eussions accru
que vous accroissiez	que vous ayez accru	que vous accrussiez	que vous eussiez accru
qu'ils accroissent	qu'ils aient accru	qu'ils accrussent	qu'ils eussent accru

INFINITIF / PARTICIPE / GÉRONDIF

Présent	Passé	Présent	Passé	Présent	Passé
accroître	avoir accru	accroissant	accru ayant accru	en accroissant	en ayant accru

Remarques et usage

▶ **Accroître**, comme tous les verbes en -**oître**, prend un accent circonflexe lorsque le **i** précède un **t** (au présent et au futur simple de l'indicatif et au présent du conditionnel). Cet accent n'est cependant plus obligatoire.

Le nouveau boulanger accroît son chiffre d'affaires grâce à la qualité de son pain.

▶ **S'accroître**

Les ventes s'accroissent pendant la période des fêtes.

Les manifestations se sont accrues depuis que le nouveau gouvernement est en place.

▶ ***Croître** suit cette conjugaison mais prend en plus un accent circonflexe aux 1res et 2e personnes du singulier du présent de l'indicatif (pour éviter la confusion avec le verbe **croire**) : *Je croîs, tu croîs, il croît* ; et au participe passé : *crû, crûe, crûs, crûes.*

aller

INDICATIF

Présent	Passé composé	Imparfait	Plus-que-parfait
je **vais**	je suis **allé**	j'**allais**	j'étais **allé**
tu **vas**	tu es **allé**	tu **allais**	tu étais **allé**
il **va**	il est **allé**	il **allait**	il était **allé**
nous **allons**	nous sommes **allés**	nous **allions**	nous étions **allés**
vous **allez**	vous êtes **allés**	vous **alliez**	vous étiez **allés**
ils **vont**	ils sont **allés**	ils **allaient**	ils étaient **allés**
Passé simple	Passé antérieur	Futur simple	Futur antérieur
j'**allai**	je fus **allé**	j'**irai**	je serai **allé**
tu **allas**	tu fus **allé**	tu **iras**	tu seras **allé**
il **alla**	il fut **allé**	il **ira**	il sera **allé**
nous **allâmes**	nous fûmes **allés**	nous **irons**	nous serons **allés**
vous **allâtes**	vous fûtes **allés**	vous **irez**	vous serez **allés**
ils **allèrent**	ils furent **allés**	ils **iront**	ils seront **allés**

CONDITIONNEL

Présent	Passé
j'**irais**	je serais **allé**
tu **irais**	tu serais **allé**
il **irait**	il serait **allé**
nous **irions**	nous serions **allés**
vous **iriez**	vous seriez **allés**
ils **iraient**	ils seraient **allés**

IMPÉRATIF

Présent	Passé
va	sois **allé**
allons	soyons **allés**
allez	soyez **allés**

SUBJONCTIF

Présent	Passé	Imparfait	Plus-que-parfait
que j'**aille**	que je sois **allé**	que j'**allasse**	que je fusse **allé**
que tu **ailles**	que tu sois **allé**	que tu **allasses**	que tu fusses **allé**
qu'il **aille**	qu'il soit **allé**	qu'il **allât**	qu'il fût **allé**
que nous **allions**	que nous soyons **allés**	que nous **allassions**	que nous fussions **allés**
que vous **alliez**	que vous soyez **allés**	que vous **allassiez**	que vous fussiez **allés**
qu'ils **aillent**	qu'ils soient **allés**	qu'ils **allassent**	qu'ils fussent **allés**

INFINITIF / PARTICIPE / GÉRONDIF

Présent	Passé	Présent	Passé	Présent	Passé
aller	être **allé**	**allant**	**allé**	en **allant**	en étant **allé**
			étant **allé**		

Remarques et usage

▶ **Aller** est le seul verbe en **-er** du 3ᵉ groupe. Il est irrégulier.

▶ **Aller** se conjugue avec l'auxiliaire **être** aux temps composés.
Je **suis** allé chez le médecin.
Je suis surpris que vous **soyez** allé seul en vacances.
Sans toi, nous ne **serions** pas allés voir ce film.

▶ À l'impératif devant le pronom **y**, on ajoute **s** au verbe :
Va à l'école. Vas-y tout de suite, mais n'y va pas sans ton sac.

▶ **Aller**, aux deux personnes du pluriel du présent de l'impératif, est utilisé pour encourager :
Allons, les enfants, calmez-vous !
Allez ! Montez dans l'autobus !

▶ Au futur simple, **y** disparaît devant le verbe.
Est-ce qu'il ira à Londres avec sa femme ? – Non,
il ira seul.
Quand irez-vous en Bretagne ? – Nous irons certai-
nement en juillet.

▶ Attention à la prononciation au présent du sub-
jonctif.
Il faut que j'aille voir ma grand-mère. [kəʒaj]
Je veux que tu ailles acheter le journal. [kətyaj]
Je ne crois pas qu'il aille à l'université. [kilaj]
Il est possible qu'ils aillent au théâtre ce soir.
[kilzaj]
Il veut que nous allions à sa fête. [kənuzaljɔ̃]
Je ne comprends pas que vous alliez voir ce film.
[kəvuzalje]

▶ **Aller** signifie :
Effectuer un trajet, un voyage
Comment êtes-vous allés en Espagne ? – Nous y
sommes allés en avion.
Un jour, j'irai à New York.
S'il avait fait beau, nous serions allés en Corse.

Convenir
Ce manteau vous va très bien.
Je ne porte jamais de jaune, ça ne me va pas.
Demain à 8 heures, ça vous va ? – Oui, ça me va
très bien.

▶ **Aller** peut être utilisé pour exprimer :
• **l'état d'une personne**
Comment allez-vous ? – Bien, merci.
Ça va ? – Ça va. Et toi ?
Comment vont les enfants ?
Yann était malade mais il va mieux maintenant.
• **l'état d'une chose**
Comment vont les affaires ?

▶ **Aller** peut être suivi d'un infinitif et changer de
sens.

Aller + infinitif
• L'infinitif peut indiquer le but de l'action d'aller :
Je suis allé parler à Paul dans son bureau.
Va dire à Henri que je l'attends.
Où vont-ils ? – Ils vont faire les courses.

• **Aller** est utilisé pour former le futur proche :
Charlotte va se marier.
Vous allez bientôt changer de voiture ?
Ils vont aller à Madrid.

▶ **Se laisser aller** : se décourager
Depuis qu'il a perdu son travail, il ne fait plus
rien, il se laisse aller.

▶ **Cela va sans dire** : c'est évident
Vous viendrez me chercher à la gare ? – Cela va
sans dire !

▶ Verbe pronominal **s'en aller** : partir
Tu t'en vas déjà ? – Oui, je m'en vais.
Les invités s'en iront vers minuit.
Il s'en est allé.

▶ **Un aller** (substantif) : un ticket de train, d'avion,
de bateau.
Un aller-retour pour Marseille ? – Non, un aller
simple, s'il vous plaît.

▶ **L'aller** : le trajet
À l'aller, j'ai pris le bus et au retour, je prendrai
le train.

30 acquérir

verbes en -**quérir**
même conjugaison pour
conquérir, s'enquérir *et* requérir

3e groupe

INDICATIF

Présent	Passé composé	Imparfait	Plus-que-parfait
j'acqu**iers**	j'ai acquis	j'acqu**érais**	j'avais acquis
tu acqu**iers**	tu as acquis	tu acqu**érais**	tu avais acquis
il acqu**iert**	il a acquis	il acqu**érait**	il avait acquis
nous acqu**érons**	nous avons acquis	nous acqu**érions**	nous avions acquis
vous acqu**érez**	vous avez acquis	vous acqu**ériez**	vous aviez acquis
ils acqu**ièrent**	ils ont acquis	ils acqu**éraient**	ils avaient acquis
Passé simple	**Passé antérieur**	**Futur simple**	**Futur antérieur**
j'acqu**is**	j'eus acquis	j'acqu**errai**	j'aurai acquis
tu acqu**is**	tu eus acquis	tu acqu**erras**	tu auras acquis
il acqu**it**	il eut acquis	il acqu**erra**	il aura acquis
nous acqu**îmes**	nous eûmes acquis	nous acqu**errons**	nous aurons acquis
vous acqu**îtes**	vous eûtes acquis	vous acqu**errez**	vous aurez acquis
ils acqu**irent**	ils eurent acquis	ils acqu**erront**	ils auront acquis

CONDITIONNEL / IMPÉRATIF

Présent	Passé	Présent	Passé
j'acqu**errais**	j'aurais acquis	acqu**iers**	aie acquis
tu acqu**errais**	tu aurais acquis	acqu**érons**	ayons acquis
il acqu**errait**	il aurait acquis	acqu**érez**	ayez acquis
nous acqu**errions**	nous aurions acquis		
vous acqu**erriez**	vous auriez acquis		
ils acqu**erraient**	ils auraient acquis		

SUBJONCTIF

Présent	Passé	Imparfait	Plus-que-parfait
que j'acqu**ière**	que j'aie acquis	que j'acqu**isse**	que j'eusse acquis
que tu acqu**ières**	que tu aies acquis	que tu acqu**isses**	que tu eusses acquis
qu'il acqu**ière**	qu'il ait acquis	qu'il acqu**ît**	qu'il eût acquis
que nous acqu**érions**	que nous ayons acquis	que nous acqu**issions**	que nous eussions acquis
que vous acqu**ériez**	que vous ayez acquis	que vous acqu**issiez**	que vous eussiez acquis
qu'ils acqu**ièrent**	qu'ils aient acquis	qu'ils acqu**issent**	qu'ils eussent acquis

INFINITIF / PARTICIPE / GÉRONDIF

Présent	Passé	Présent	Passé	Présent	Passé
acquérir	avoir acquis	acqu**érant**	acquis	en acqu**érant**	en ayant acquis
			ayant acquis		

Remarques et usage

▶ Au futur simple et au présent du conditionnel, pas d'accent sur **e** et doublement du **r**.

Nous acquerrons bientôt une résidence secondaire. [nuzakɛʀʀɔ̃]

▶ Les conjugaisons de **acquérir** ne sont pas très fréquentes, à l'exception du passé composé.

Grâce à son professeur, William a acquis de bonnes connaissances en histoires. [aki]

Il a perdu toute la fortune qu'il avait acquise pendant des années.

J'ai acquis la certitude que ce directeur n'est pas honnête.

verbes en -**aillir**
même conjugaison pour
défaillir, tressaillir

assaillir 31

3 e groupe

INDICATIF

Présent	Passé composé	Imparfait	Plus-que-parfait
j'assaille	j'ai assailli	j'assaillais	j'avais assailli
tu assailles	tu as assailli	tu assaillais	tu avais assailli
il assaille	il a assailli	il assaillait	il avait assailli
nous assaillons	nous avons assailli	nous assaillions	nous avions assailli
vous assaillez	vous avez assailli	vous assailliez	vous aviez assailli
ils assaillent	ils ont assailli	ils assaillaient	ils avaient assailli
Passé simple	Passé antérieur	Futur simple	Futur antérieur
j'assaillis	j'eus assailli	j'assaillirai	j'aurai assailli
tu assaillis	tu eus assailli	tu assailliras	tu auras assailli
il assaillit	il eut assailli	il assaillira	il aura assailli
nous assaillîmes	nous eûmes assailli	nous assaillirons	nous aurons assailli
vous assaillîtes	vous eûtes assailli	vous assaillirez	vous aurez assailli
ils assaillirent	ils eurent assailli	ils assailliront	ils auront assailli

CONDITIONNEL / IMPÉRATIF

Présent	Passé	Présent	Passé
j'assaillirais	j'aurais assailli	assaille	aie assailli
tu assaillirais	tu aurais assailli	assaillons	ayons assailli
il assaillirait	il aurait assailli	assaillez	ayez assailli
nous assaillirions	nous aurions assailli		
vous assailliriez	vous auriez assailli		
ils assailliraient	ils auraient assailli		

SUBJONCTIF

Présent	Passé	Imparfait	Plus-que-parfait
que j'assaille	que j'aie assailli	que j'assaillisse	que j'eusse assailli
que tu assailles	que tu aies assailli	que tu assaillisses	que tu eusses assailli
qu'il assaille	qu'il ait assailli	qu'il assaillît	qu'il eût assailli
que nous assaillions	que nous ayons assailli	que nous assaillissions	que nous eussions assailli
que vous assailliez	que vous ayez assailli	que vous assaillissiez	que vous eussiez assailli
qu'ils assaillent	qu'ils aient assailli	qu'ils assaillissent	qu'ils eussent assailli

INFINITIF / PARTICIPE / GÉRONDIF

INFINITIF		PARTICIPE		GÉRONDIF	
Présent	Passé	Présent	Passé	Présent	Passé
assaillir	avoir assailli	assaillant	assailli	en assaillant	en ayant assailli
			ayant assailli		

Remarques et usage

▶ Les terminaisons du présent de l'indicatif, de l'impératif et du subjonctif sont analogues à celles des verbes du 1er groupe.

▶ **Assaillir** : attaquer violemment
Le verbe **assaillir** est souvent utilisé à la forme passive.
Le bateau a été assailli par les pirates. [asaji]
Le château a été assailli par l'ennemi.

▶ **Assaillir quelqu'un de questions** : le harceler de questions
Quand je suis entré dans la classe, les étudiants m'ont assailli de questions.

verbes en -**dre**
même conjugaison pour
perdre, répandre, répondre, tordre, ...

32 attendre

3e groupe

INDICATIF

Présent	Passé composé	Imparfait	Plus-que-parfait
j'attends	j'ai attendu	j'attendais	j'avais attendu
tu attends	tu as attendu	tu attendais	tu avais attendu
il attend	il a attendu	il attendait	il avait attendu
nous attendons	nous avons attendu	nous attendions	nous avions attendu
vous attendez	vous avez attendu	vous attendiez	vous aviez attendu
ils attendent	ils ont attendu	ils attendaient	ils avaient attendu
Passé simple	**Passé antérieur**	**Futur simple**	**Futur antérieur**
j'attendis	j'eus attendu	j'attendrai	j'aurai attendu
tu attendis	tu eus attendu	tu attendras	tu auras attendu
il attendit	il eut attendu	il attendra	il aura attendu
nous attendîmes	nous eûmes attendu	nous attendrons	nous aurons attendu
vous attendîtes	vous eûtes attendu	vous attendrez	vous aurez attendu
ils attendirent	ils eurent attendu	ils attendront	ils auront attendu

CONDITIONNEL / IMPÉRATIF

Présent	Passé	Présent	Passé
j'attendrais	j'aurais attendu	attends	aie attendu
tu attendrais	tu aurais attendu	attendons	ayons attendu
il attendrait	il aurait attendu	attendez	ayez attendu
nous attendrions	nous aurions attendu		
vous attendriez	vous auriez attendu		
ils attendraient	ils auraient attendu		

SUBJONCTIF

Présent	Passé	Imparfait	Plus-que-parfait
que j'attende	que j'aie attendu	que j'attendisse	que j'eusse attendu
que tu attendes	que tu aies attendu	que tu attendisses	que tu eusses attendu
qu'il attende	qu'il ait attendu	qu'il attendît	qu'il eût attendu
que nous attendions	que nous ayons attendu	que nous attendissions	que nous eussions attendu
que vous attendiez	que vous ayez attendu	que vous attendissiez	que vous eussiez attendu
qu'ils attendent	qu'ils aient attendu	qu'ils attendissent	qu'ils eussent attendu

INFINITIF / PARTICIPE / GÉRONDIF

Présent	Passé	Présent	Passé	Présent	Passé
attendre	avoir attendu	attendant	attendu ayant attendu	en attendant	en ayant attendu

Remarques et usage

▶ Les terminaisons des personnes du singulier du présent de l'indicatif (-**ds**, -**ds**, -**d**) et de l'impératif (-**ds**) ne se prononcent pas.
J'attends le train de dix heures une. [ʒatɑ̃]
Tu m'attends deux minutes ? [matɑ̃]
Son père l'attend devant la gare. [latɑ̃]
Attends un peu. [atɑ̃]

▶ Le participe passé de **attendre** comme de tous les verbes réguliers en -**dre** est en -**u**.
Ils ont attendu que j'arrive. [atɑ̃dy]
Les lettres que nous avons tant attendues sont enfin arrivées.

▶ Le verbe **prendre** et ses dérivés ne suivent pas cette conjugaison (cf. page 138).

3e groupe

INDICATIF

Présent	Passé composé	Imparfait	Plus-que-parfait
je bats	j'ai battu	je battais	j'avais battu
tu bats	tu as battu	tu battais	tu avais battu
il bat	il a battu	il battait	il avait battu
nous battons	nous avons battu	nous battions	nous avions battu
vous battez	vous avez battu	vous battiez	vous aviez battu
ils battent	ils ont battu	ils battaient	ils avaient battu
Passé simple	**Passé antérieur**	**Futur simple**	**Futur antérieur**
je battis	j'eus battu	je battrai	j'aurai battu
tu battis	tu eus battu	tu battras	tu auras battu
il battit	il eut battu	il battra	il aura battu
nous battîmes	nous eûmes battu	nous battrons	nous aurons battu
vous battîtes	vous eûtes battu	vous battrez	vous aurez battu
ils battirent	ils eurent battu	ils battront	ils auront battu

CONDITIONNEL

Présent	Passé
je battrais	j'aurais battu
tu battrais	tu aurais battu
il battrait	il aurait battu
nous battrions	nous aurions battu
vous battriez	vous auriez battu
ils battraient	ils auraient battu

IMPÉRATIF

Présent	Passé
bats	aie battu
battons	ayons battu
battez	ayez battu

SUBJONCTIF

Présent	Passé	Imparfait	Plus-que-parfait
que je batte	que j'aie battu	que je battisse	que j'eusse battu
que tu battes	que tu aies battu	que tu battisses	que tu eusses battu
qu'il batte	qu'il ait battu	qu'il battît	qu'il eût battu
que nous battions	que nous ayons battu	que nous battissions	que nous eussions battu
que vous battiez	que vous ayez battu	que vous battissiez	que vous eussiez battu
qu'ils battent	qu'ils aient battu	qu'ils battissent	qu'ils eussent battu

INFINITIF / PARTICIPE / GÉRONDIF

Présent	Passé	Présent	Passé	Présent	Passé
battre	avoir battu	battant	battu	en battant	en ayant battu
			ayant battu		

Remarques et usage

▶ Les terminaisons des personnes du singulier du présent de l'indicatif (-ts, -ts, -t) et de l'impératif (-ts) ne se prononcent pas.
Je bats, tu bats, il bat ; bats. [ba]

▶ **Battre** : frapper
L'accusé a dit qu'il n'avait jamais battu sa femme. [baty]

▶ **Battre quelqu'un à un sport/à un jeu** : gagner
Les Français ont battu les Brésiliens 3 à 0.
Je ne veux pas jouer avec Denis aux échecs, il me bat toujours.

▶ **Battre** : fouetter (terme de cuisine)
Battez les œufs et ajoutez-les au mélange.

▶ **Se battre** : se bagarrer
Les enfants se sont battus dans la cour de l'école.

boire

INDICATIF

Présent	Passé composé	Imparfait	Plus-que-parfait
je bois	j'ai bu	je buvais	j'avais bu
tu bois	tu as bu	tu buvais	tu avais bu
il boit	il a bu	il buvait	il avait bu
nous buvons	nous avons bu	nous buvions	nous avions bu
vous buvez	vous avez bu	vous buviez	vous aviez bu
ils boivent	ils ont bu	ils buvaient	ils avaient bu
Passé simple	**Passé antérieur**	**Futur simple**	**Futur antérieur**
je bus	j'eus bu	je boirai	j'aurai bu
tu bus	tu eus bu	tu boiras	tu auras bu
il but	il eut bu	il boira	il aura bu
nous bûmes	nous eûmes bu	nous boirons	nous aurons bu
vous bûtes	vous eûtes bu	vous boirez	vous aurez bu
ils burent	ils eurent bu	ils boiront	ils auront bu

CONDITIONNEL

Présent	Passé
je boirais	j'aurais bu
tu boirais	tu aurais bu
il boirait	il aurait bu
nous boirions	nous aurions bu
vous boiriez	vous auriez bu
ils boiraient	ils auraient bu

IMPÉRATIF

Présent	Passé
bois	aie bu
buvons	ayons bu
buvez	ayez bu

SUBJONCTIF

Présent	Passé	Imparfait	Plus-que-parfait
que je boive	que j'aie bu	que je busse	que j'eusse bu
que tu boives	que tu aies bu	que tu busses	que tu eusses bu
qu'il boive	qu'il ait bu	qu'il bût	qu'il eût bu
que nous buvions	que nous ayons bu	que nous bussions	que nous eussions bu
que vous buviez	que vous ayez bu	que vous bussiez	que vous eussiez bu
qu'ils boivent	qu'ils aient bu	qu'ils bussent	qu'ils eussent bu

INFINITIF | PARTICIPE | GÉRONDIF

Présent	Passé	Présent	Passé	Présent	Passé
boire	avoir bu	buvant	bu	en buvant	en ayant bu
			ayant bu		

Remarques et usage

▶ Au présent de l'indicatif et de l'impératif, **boire** a deux radicaux : **boi-** et **buv-**

Qu'est-ce que tu bois ? [bwa]
Je sais que vous ne buvez pas de vin. [byve]
Bois un verre d'eau, ça ira mieux.
Buvez un peu de vin mais pas trop.

▶ **Boire les paroles de quelqu'un** : l'écouter avec attention et admiration

L'étudiant boit les paroles de son professeur.

▶ **Se boire** : exprime la façon de boire quelque chose

C'est un vin qui se boit frais.

bouillir 35

3e groupe

INDICATIF

Présent	Passé composé	Imparfait	Plus-que-parfait
je bous	j'ai bouilli	je bouillais	j'avais bouilli
tu bous	tu as bouilli	tu bouillais	tu avais bouilli
il bout	il a bouilli	il bouillait	il avait bouilli
nous bouillons	nous avons bouilli	nous bouillions	nous avions bouilli
vous bouillez	vous avez bouilli	vous bouilliez	vous aviez bouilli
ils bouillent	ils ont bouilli	ils bouillaient	ils avaient bouilli
Passé simple	**Passé antérieur**	**Futur simple**	**Futur antérieur**
je bouillis	j'eus bouilli	je bouillirai	j'aurai bouilli
tu bouillis	tu eus bouilli	tu bouilliras	tu auras bouilli
il bouillit	il eut bouilli	il bouillira	il aura bouilli
nous bouillîmes	nous eûmes bouilli	nous bouillirons	nous aurons bouilli
vous bouillîtes	vous eûtes bouilli	vous bouillirez	vous aurez bouilli
ils bouillirent	ils eurent bouilli	ils bouilliront	ils auront bouilli

CONDITIONNEL

Présent	Passé
je bouillirais	j'aurais bouilli
tu bouillirais	tu aurais bouilli
il bouillirait	il aurait bouilli
nous bouillirions	nous aurions bouilli
vous bouilliriez	vous auriez bouilli
ils bouilliraient	ils auraient bouilli

IMPÉRATIF

Présent	Passé
bous	aie bouilli
bouillons	ayons bouilli
bouillez	ayez bouilli

SUBJONCTIF

Présent	Passé	Imparfait	Plus-que-parfait
que je bouille	que j'aie bouilli	que je bouillisse	que j'eusse bouilli
que tu bouilles	que tu aies bouilli	que tu bouillisses	que tu eusses bouilli
qu'il bouille	qu'il ait bouilli	qu'il bouillît	qu'il eût bouilli
que nous bouillions	que nous ayons bouilli	que nous bouillissions	que nous eussions bouilli
que vous bouilliez	que vous ayez bouilli	que vous bouillissiez	que vous eussiez bouilli
qu'ils bouillent	qu'ils aient bouilli	qu'ils bouillissent	qu'ils eussent bouilli

INFINITIF		PARTICIPE		GÉRONDIF	
Présent	Passé	Présent	Passé	Présent	Passé
bouillir	avoir bouilli	bouillant	bouilli	en bouillant	en ayant bouilli
			ayant bouilli		

Remarques et usage

▶ **Bouillir** : pour un liquide, arriver à cent degrés
L'eau bout, tu peux faire le thé. [bu]
Quand la sauce bouillira, il faudra la retirer du feu. [bujiʀa]
Fais attention à ce que le lait ne bouille pas. [buj]

▶ **Faire bouillir** : action d'un personne qui porte un liquide à ébullition
Tu fais d'abord bouillir l'eau et ensuite tu y mets les légumes. [bujiʀ]

▶ **Bouillir** : pour une personne, être très énervé
Quand j'entends Jean se plaindre de son salaire, cela me fait bouillir.
J'aurai mes résultats d'examen demain, je bous d'impatience.

verbes en -**uire**
même conjugaison pour
cuire, construire, détruire, luire*, nuire*, produire, séduire, traduire, ...

36 conduire

INDICATIF

Présent	Passé composé	Imparfait	Plus-que-parfait
je conduis	j'ai conduit	je conduisais	j'avais conduit
tu conduis	tu as conduit	tu conduisais	tu avais conduit
il conduit	il a conduit	il conduisait	il avait conduit
nous conduisons	nous avons conduit	nous conduisions	nous avions conduit
vous conduisez	vous avez conduit	vous conduisiez	vous aviez conduit
ils conduisent	ils ont conduit	ils conduisaient	ils avaient conduit
Passé simple	**Passé antérieur**	**Futur simple**	**Futur antérieur**
je conduisis	j'eus conduit	je conduirai	j'aurai conduit
tu conduisis	tu eus conduit	tu conduiras	tu auras conduit
il conduisit	il eut conduit	il conduira	il aura conduit
nous conduisîmes	nous eûmes conduit	nous conduirons	nous aurons conduit
vous conduisîtes	vous eûtes conduit	vous conduirez	vous aurez conduit
ils conduisirent	ils eurent conduit	ils conduiront	ils auront conduit

CONDITIONNEL

Présent	Passé
je conduirais	j'aurais conduit
tu conduirais	tu aurais conduit
il conduirait	il aurait conduit
nous conduirions	nous aurions conduit
vous conduiriez	vous auriez conduit
ils conduiraient	ils auraient conduit

IMPÉRATIF

Présent	Passé
conduis	aie conduit
conduisons	ayons conduit
conduisez	ayez conduit

SUBJONCTIF

Présent	Passé	Imparfait	Plus-que-parfait
que je conduise	que j'aie conduit	que je conduisisse	que j'eusse conduit
que tu conduises	que tu aies conduit	que tu conduisisses	que tu eusses conduit
qu'il conduise	qu'il ait conduit	qu'il conduisît	qu'il eût conduit
que nous conduisions	que nous ayons conduit	que nous conduisissions	que nous eussions conduit
que vous conduisiez	que vous ayez conduit	que vous conduisissiez	que vous eussiez conduit
qu'ils conduisent	qu'ils aient conduit	qu'ils conduisissent	qu'ils eussent conduit

INFINITIF

Présent	Passé
conduire	avoir conduit

PARTICIPE

Présent	Passé
conduisant	conduit
	ayant conduit

GÉRONDIF

Présent	Passé
en conduisant	en ayant conduit

Remarques et usage

▶ Les terminaisons des personnes du singulier du présent de l'indicatif (**-s**, **-s**, **-t**) et de l'impératif (**-s**) ne se prononcent pas.
Je conduis, tu conduis, il conduit ; conduis. [kɔ̃dɥi]

▶ **Conduire un véhicule** : *Vous conduisez un camion ?* [kɔ̃dɥize]

▶ **Conduire quelqu'un** (accompagner) : *Je vous conduirai à l'aéroport si vous voulez.* [kɔ̃dɥiʀe]

▶ **Se conduire** (se comporter) : *Il se conduit mal avec sa mère.*

▶ Le participe passé est **conduit**.
Tu as conduit sans faire de faute, donc tu auras ton permis de conduire. [kɔ̃dɥi]
La voiture que j'ai conduite était très rapide. [kɔ̃dɥit]

▶ * Les participes passés de **luire** et **nuire** sont **lui** et **nui**, et sont invariables.

104

verbes en **-aître**
même conjugaison pour
apparaître, disparaître, méconnaître, paraître, reconnaître, ...

connaître 37

3e groupe

INDICATIF

Présent	Passé composé	Imparfait	Plus-que-parfait
je connais	j'ai connu	je connaissais	j'avais connu
tu connais	tu as connu	tu connaissais	tu avais connu
il connaît	il a connu	il connaissait	il avait connu
nous connaissons	nous avons connu	nous connaissions	nous avions connu
vous connaissez	vous avez connu	vous connaissiez	vous aviez connu
ils connaissent	ils ont connu	ils connaissaient	ils avaient connu
Passé simple	**Passé antérieur**	**Futur simple**	**Futur antérieur**
je connus	j'eus connu	je connaîtrai	j'aurai connu
tu connus	tu eus connu	tu connaîtras	tu auras connu
il connut	il eut connu	il connaîtra	il aura connu
nous connûmes	nous eûmes connu	nous connaîtrons	nous aurons connu
vous connûtes	vous eûtes connu	vous connaîtrez	vous aurez connu
ils connurent	ils eurent connu	ils connaîtront	ils auront connu

CONDITIONNEL

Présent	Passé
je connaîtrais	j'aurais connu
tu connaîtrais	tu aurais connu
il connaîtrait	il aurait connu
nous connaîtrions	nous aurions connu
vous connaîtriez	vous auriez connu
ils connaîtraient	ils auraient connu

IMPÉRATIF

Présent	Passé
connais	aie connu
connaissons	ayons connu
connaissez	ayez connu

SUBJONCTIF

Présent	Passé	Imparfait	Plus-que-parfait
que je connaisse	que j'aie connu	que je connusse	que j'eusse connu
que tu connaisses	que tu aies connu	que tu connusses	que tu eusses connu
qu'il connaisse	qu'il ait connu	qu'il connût	qu'il eût connu
que nous connaissions	que nous ayons connu	que nous connussions	que nous eussions connu
que vous connaissiez	que vous ayez connu	que vous connussiez	que vous eussiez connu
qu'ils connaissent	qu'ils aient connu	qu'ils connussent	qu'ils eussent connu

INFINITIF | PARTICIPE | GÉRONDIF

Présent	Passé	Présent	Passé	Présent	Passé
connaître	avoir connu	connaissant	connu	en connaissant	en ayant connu
			ayant connu		

Remarques et usage

▶ **Connaître**, comme tous les verbes en **-aître**, prend un accent circonflexe lorsque le **i** précède un **t** (au présent et au futur simple de l'indicatif et au présent du conditionnel). Cet accent n'est cependant plus obligatoire.

Il connaît bien Paris. (On accepte : *Il connait bien Paris.*)
Tu connaîtras bientôt son fiancé. (On accepte : *Tu connaitras bientôt son fiancé.*)
Connaîtriez-vous un bon restaurant dans le quartier ?

▶ À l'imparfait du subjonctif, l'accent sur le **u** est obligatoire.

Elle était surprise qu'il connût aussi bien la région.

▶ **Connaître** et **savoir** : voir verbe **savoir** page 146.

convaincre

INDICATIF

Présent	Passé composé	Imparfait	Plus-que-parfait
je convaincs	j'ai convaincu	je convainquais	j'avais convaincu
tu convaincs	tu as convaincu	tu convainquais	tu avais convaincu
il convainc	il a convaincu	il convainquait	il avait convaincu
nous convainquons	nous avons convaincu	nous convainquions	nous avions convaincu
vous convainquez	vous avez convaincu	vous convainquiez	vous aviez convaincu
ils convainquent	ils ont convaincu	ils convainquaient	ils avaient convaincu
Passé simple	**Passé antérieur**	**Futur simple**	**Futur antérieur**
je convainquis	j'aurai convaincu	je convaincrai	j'eus convaincu
tu convainquis	tu auras convaincu	tu convaincras	tu eus convaincu
il convainquit	il aura convaincu	il convaincra	il eut convaincu
nous convainquîmes	nous aurons convaincu	nous convaincrons	nous eûmes convaincu
vous convainquîtes	vous aurez convaincu	vous convaincrez	vous eûtes convaincu
ils convainquirent	ils auront convaincu	ils convaincront	ils eurent convaincu

CONDITIONNEL

Présent	Passé
je convaincrais	j'aurais convaincu
tu convaincrais	tu aurais convaincu
il convaincrait	il aurait convaincu
nous convaincrions	nous aurions convaincu
vous convaincriez	vous auriez convaincu
ils convaincraient	ils auraient convaincu

IMPÉRATIF

Présent	Passé
convaincs	aie convaincu
convainquons	ayons convaincu
convainquez	ayez convaincu

SUBJONCTIF

Présent	Passé	Imparfait	Plus-que-parfait
que je convainque	que j'aie convaincu	que je convainquisse	que j'eusse convaincu
que tu convainques	que tu aies convaincu	que tu convainquisses	que tu eusses convaincu
qu'il convainque	qu'il ait convaincu	qu'il convainquît	qu'il eût convaincu
que nous convainquions	que nous ayons convaincu	que nous convainquissions	que nous eussions convaincu
que vous convainquiez	que vous ayez convaincu	que vous convainquissiez	que vous eussiez convaincu
qu'ils convainquent	qu'ils aient convaincu	qu'ils convainquissent	qu'ils eussent convaincu

INFINITIF

Présent	Passé
convaincre	avoir convaincu

PARTICIPE

Présent	Passé
convainquant	convaincu
	ayant convaincu

GÉRONDIF

Présent	Passé
en convainquant	en ayant convaincu

Remarques et usage

▶ Les terminaisons des personnes du singulier du présent de l'indicatif (**-cs**, **-cs**, **-c**) et de l'impératif (**-cs**) ne se prononcent pas.

Il a toujours de bons arguments et convainc tout le monde. [kɔ̃vɛ̃]
Tu ne me convaincs pas. [kɔ̃vɛ̃]
Convaincs-moi et je t'accompagnerai. [kɔ̃vɛ̃]

▶ Devant les voyelles (sauf **u**), **-c** est remplacé par **-qu**.

Vous ne nous convainquez pas. [kɔ̃vɛ̃ke]
Nous les avons convaincus. [kɔ̃vɛ̃ky]

même conjugaison pour
découdre *et* recoudre

coudre 39

3e groupe

INDICATIF

Présent	Passé composé	Imparfait	Plus-que-parfait
je cou**ds**	j'ai cou**su**	je cou**sais**	j'avais cou**su**
tu cou**ds**	tu as cou**su**	tu cou**sais**	tu avais cou**su**
il cou**d**	il a cou**su**	il cou**sait**	il avait cou**su**
nous cou**sons**	nous avons cou**su**	nous cou**sions**	nous avions cou**su**
vous cou**sez**	vous avez cou**su**	vous cou**siez**	vous aviez cou**su**
ils cou**sent**	ils ont cou**su**	ils cou**saient**	ils avaient cou**su**
Passé simple	**Passé antérieur**	**Futur simple**	**Futur antérieur**
je cou**sis**	j'eus cou**su**	je cou**drai**	j'aurai cou**su**
tu cou**sis**	tu eus cou**su**	tu cou**dras**	tu auras cou**su**
il cou**sit**	il eut cou**su**	il cou**dra**	il aura cou**su**
nous cou**sîmes**	nous eûmes cou**su**	nous cou**drons**	nous aurons cou**su**
vous cou**sîtes**	vous eûtes cou**su**	vous cou**drez**	vous aurez cou**su**
ils cou**sirent**	ils eurent cou**su**	ils cou**dront**	ils auront cou**su**

CONDITIONNEL — IMPÉRATIF

Présent	Passé	Présent	Passé
je cou**drais**	j'aurais cou**su**	cou**ds**	aie cou**su**
tu cou**drais**	tu aurais cou**su**	cou**sons**	ayons cou**su**
il cou**drait**	il aurait cou**su**	cou**sez**	ayez cou**su**
nous cou**drions**	nous aurions cou**su**		
vous cou**driez**	vous auriez cou**su**		
ils cou**draient**	ils auraient cou**su**		

SUBJONCTIF

Présent	Passé	Imparfait	Plus-que-parfait
que je cou**se**	que j'aie cou**su**	que je cou**sisse**	que j'eusse cou**su**
que tu cou**ses**	que tu aies cou**su**	que tu cou**sisses**	que tu eusses cou**su**
qu'il cou**se**	qu'il ait cou**su**	qu'il cou**sît**	qu'il eût cou**su**
que nous cou**sions**	que nous ayons cou**su**	que nous cou**sissions**	que nous eussions cou**su**
que vous cou**siez**	que vous ayez cou**su**	que vous cou**sissiez**	que vous eussiez cou**su**
qu'ils cou**sent**	qu'ils aient cou**su**	qu'ils cou**sissent**	qu'ils eussent cou**su**

INFINITIF — PARTICIPE — GÉRONDIF

Présent	Passé	Présent	Passé	Présent	Passé
coudre	avoir cou**su**	cou**sant**	cou**su** / ayant cou**su**	en cou**sant**	en ayant cou**su**

Remarques et usage

▶ Les terminaisons des personnes du singulier du présent de l'indicatif (**-ds**, **-ds** et **-d**) et de l'impératif (**-ds**) ne se prononcent pas.

*Je coud**s** avec une machine; tu coud**s** à la main ; il cou**d** des vêtements* [ku].
*Coud**s** ce bouton.*

▶ Les terminaisons du pluriel du présent de l'indicatif prennent un s.

Nous cousons [kuzɔ̃], *vous cousez* [kuze], *ils cousent* [kuz]

▶ Le participe passé est **cousu**.

J'ai cousu les rideaux moi-même. [kuzy]
Les boutons que j'avais cousus sont tous tombés.

107

40 courir

même conjugaison pour
accourir, concourir, parcourir, secourir, ...

3e groupe

INDICATIF

Présent	Passé composé	Imparfait	Plus-que-parfait
je cours	j'ai couru	je courais	j'avais couru
tu cours	tu as couru	tu courais	tu avais couru
il court	il a couru	il courait	il avait couru
nous courons	nous avons couru	nous courions	nous avions couru
vous courez	vous avez couru	vous couriez	vous aviez couru
ils courent	ils ont couru	ils couraient	ils avaient couru
Passé simple	**Passé antérieur**	**Futur simple**	**Futur antérieur**
je courus	j'eus couru	je courrai	j'aurai couru
tu courus	tu eus couru	tu courras	tu auras couru
il courut	il eut couru	il courra	il aura couru
nous courûmes	nous eûmes couru	nous courrons	nous aurons couru
vous courûtes	vous eûtes couru	vous courrez	vous aurez couru
ils coururent	ils eurent couru	ils courront	ils auront couru

CONDITIONNEL

Présent	Passé
je courrais	j'aurais couru
tu courrais	tu aurais couru
il courrait	il aurait couru
nous courrions	nous aurions couru
vous courriez	vous auriez couru
ils courraient	ils auraient couru

IMPÉRATIF

Présent	Passé
cours	aie couru
courons	ayons couru
courez	ayez couru

SUBJONCTIF

Présent	Passé	Imparfait	Plus-que-parfait
que je coure	que j'aie couru	que je courusse	que j'eusse couru
que tu coures	que tu aies couru	que tu courusses	que tu eusses couru
qu'il coure	qu'il ait couru	qu'il courût	qu'il eût couru
que nous courions	que nous ayons couru	que nous courussions	que nous eussions couru
que vous couriez	que vous ayez couru	que vous courussiez	que vous eussiez couru
qu'ils courent	qu'ils aient couru	qu'ils courussent	qu'ils eussent couru

INFINITIF

Présent	Passé
courir	avoir couru

PARTICIPE

Présent	Passé
courant	couru
	ayant couru

GÉRONDIF

Présent	Passé
en courant	en ayant couru

Remarques et usage

▶ *Tous les matins, je cours cinq kilomètres.*
Il faut que tu coures si tu veux être en forme.

▶ Au futur simple et au présent du conditionnel, il y a doublement du **r**.

▶ **Courir** se conjugue aux temps du passé avec **avoir**.
Ce matin, j'ai couru pour arriver à l'heure au bureau.

▶ Le dérivé **accourir** peut se conjuguer aux temps du passé avec **être** ou **avoir**.
Quand ma voisine a entendu le bruit, elle a accouru / elle est accourue pour m'aider.

▶ **Courir + infinitif** (l'infinitif étant le but de l'action de courir).
Nous avons couru leur annoncer la bonne nouvelle.

▶ **Le bruit court que...** : on dit que...
Le bruit court qu'il va démissionner.

verbes en -**aindre**
même conjugaison pour
contraindre, plaindre, ...

craindre 41

3 e g r o u p e

INDICATIF			
Présent	**Passé composé**	**Imparfait**	**Plus-que-parfait**
je crains	j'ai craint	je craignais	j'avais craint
tu crains	tu as craint	tu craignais	tu avais craint
il craint	il a craint	il craignait	il avait craint
nous craignons	nous avons craint	nous craignions	nous avions craint
vous craignez	vous avez craint	vous craigniez	vous aviez craint
ils craignent	ils ont craint	ils craignaient	ils avaient craint
Passé simple	**Passé antérieur**	**Futur simple**	**Futur antérieur**
je craignis	j'eus craint	je craindrai	j'aurai craint
tu craignis	tu eus craint	tu craindras	tu auras craint
il craignit	il eut craint	il craindra	il aura craint
nous craignîmes	nous eûmes craint	nous craindrons	nous aurons craint
vous craignîtes	vous eûtes craint	vous craindrez	vous aurez craint
ils craignirent	ils eurent craint	ils craindront	ils auront craint

CONDITIONNEL		IMPÉRATIF	
Présent	**Passé**	**Présent**	**Passé**
je craindrais	j'aurais craint	crains	aie craint
tu craindrais	tu aurais craint	craignons	ayons craint
il craindrait	il aurait craint	craignez	ayez craint
nous craindrions	nous aurions craint		
vous craindriez	vous auriez craint		
ils craindraient	ils auraient craint		

SUBJONCTIF			
Présent	**Passé**	**Imparfait**	**Plus-que-parfait**
que je craigne	que j'aie craint	que je craignisse	que j'eusse craint
que tu craignes	que tu aies craint	que tu craignisses	que tu eusses craint
qu'il craigne	qu'il ait craint	qu'il craignît	qu'il eût craint
que nous craignions	que nous ayons craint	que nous craignissions	que nous eussions craint
que vous craigniez	que vous ayez craint	que vous craignissiez	que vous eussiez craint
qu'ils craignent	qu'ils aient craint	qu'ils craignissent	qu'ils eussent craint

INFINITIF		PARTICIPE		GÉRONDIF	
Présent	**Passé**	**Présent**	**Passé**	**Présent**	**Passé**
craindre	avoir craint	craignant	craint	en craignant	en ayant craint
			ayant craint		

Remarques et usage

▶ Le **d** disparaît à tous les temps, sauf au futur simple et au présent du conditionnel.
Je ne craindrai pas de lui dire la vérité. [kʀɛ̃dʀe]
Si le chien aboyait moins, je le craindrais moins. [kʀɛ̃dʀɛ]

▶ Attention aux formes en **gn** à certaines personnes et à certains temps.
Ils craignent de perdre leur emploi. [kʀɛɲ]

Je ne craignais pas du tout la directrice de l'école. [kʀɛɲɛ]
Je ne comprends pas que tu craignes ton chef. [kʀɛɲ]

▶ Le participe passé est en **-aint**.
Nous avons craint le pire. [kʀɛ̃]

⚠ Les verbes en **-eindre** et en **-oindre** suivent cette conjugaison (cf. pages 118 et 141).

42 croire

INDICATIF

Présent	Passé composé	Imparfait	Plus-que-parfait
je crois	j'ai cru	je croyais	j'avais cru
tu crois	tu as cru	tu croyais	tu avais cru
il croit	il a cru	il croyait	il avait cru
nous croyons	nous avons cru	nous croyions	nous avions cru
vous croyez	vous avez cru	vous croyiez	vous aviez cru
ils croient	ils ont cru	ils croyaient	ils avaient cru
Passé simple	**Passé antérieur**	**Futur simple**	**Futur antérieur**
je crus	j'eus cru	je croirai	j'aurai cru
tu crus	tu eus cru	tu croiras	tu auras cru
il crut	il eut cru	il croira	il aura cru
nous crûmes	nous eûmes cru	nous croirons	nous aurons cru
vous crûtes	vous eûtes cru	vous croirez	vous aurez cru
ils crurent	ils eurent cru	ils croiront	ils auront cru

CONDITIONNEL

Présent	Passé
je croirais	j'aurais cru
tu croirais	tu aurais cru
il croirait	il aurait cru
nous croirions	nous aurions cru
vous croiriez	vous auriez cru
ils croiraient	ils auraient cru

IMPÉRATIF

Présent	Passé
crois	aie cru
croyons	ayons cru
croyez	ayez cru

SUBJONCTIF

Présent	Passé	Imparfait	Plus-que-parfait
que je croie	que j'aie cru	que je crusse	que j'eusse cru
que tu croies	que tu aies cru	que tu crusses	que tu eusses cru
qu'il croie	qu'il ait cru	qu'il crût	qu'il eût cru
que nous croyions	que nous ayons cru	que nous crussions	que nous eussions cru
que vous croyiez	que vous ayez cru	que vous crussiez	que vous eussiez cru
qu'ils croient	qu'ils aient cru	qu'ils crussent	qu'ils eussent cru

INFINITIF / PARTICIPE / GÉRONDIF

Présent	Passé	Présent	Passé	Présent	Passé
croire	avoir cru	croyant	cru	en croyant	en ayant cru
			ayant cru		

Remarques et usage

▶ Devant une voyelle prononcée, i est remplacé par y.

Nous croyons que cette maison est trop chère. [kʀwajɔ̃]
Il ne croyait pas ce que je disais. [kʀwajɛ]

▶ À l'imparfait de l'indicatif, attention au i qui suit le y aux 1re et 2e personnes du pluriel.

Nous vous croyions mais vous nous avez menti. [kʀwajjɔ̃]
Et vous le croyiez ? [kʀwajje]

▶ Le i est donc maintenu devant le e muet.

Les parents croient que leurs enfants font leurs devoirs. [kʀwa]
Il faut que tu me croies. [kʀwa]

▶ Le participe passé est cru(e)(s).

Il m'a raconté une histoire que je n'ai pas crue.

verbes en -cueillir
même conjugaison pour
accueillir, recueillir, ...

cueillir 43

3e groupe

INDICATIF

Présent	Passé composé	Imparfait	Plus-que-parfait
je cueille	j'ai cueilli	je cueillais	j'avais cueilli
tu cueilles	tu as cueilli	tu cueillais	tu avais cueilli
il cueille	il a cueilli	il cueillait	il avait cueilli
nous cueillons	nous avons cueilli	nous cueillions	nous avions cueilli
vous cueillez	vous avez cueilli	vous cueilliez	vous aviez cueilli
ils cueillent	ils ont cueilli	ils cueillaient	ils avaient cueilli
Passé simple	**Passé antérieur**	**Futur simple**	**Futur antérieur**
je cueillis	j'eus cueilli	je cueillerai	j'aurai cueilli
tu cueillis	tu eus cueilli	tu cueilleras	tu auras cueilli
il cueillit	il eut cueilli	il cueillera	il aura cueilli
nous cueillîmes	nous eûmes cueilli	nous cueillerons	nous aurons cueilli
vous cueillîtes	vous eûtes cueilli	vous cueillerez	vous aurez cueilli
ils cueillirent	ils eurent cueilli	ils cueilleront	ils auront cueilli

CONDITIONNEL / IMPÉRATIF

Présent	Passé	Présent	Passé
je cueillerais	j'aurais cueilli	cueille	aie cueilli
tu cueillerais	tu aurais cueilli	cueillons	ayons cueilli
il cueillerait	il aurait cueilli	cueillez	ayez cueilli
nous cueillerions	nous aurions cueilli		
vous cueilleriez	vous auriez cueilli		
ils cueilleraient	ils auraient cueilli		

SUBJONCTIF

Présent	Passé	Imparfait	Plus-que-parfait
que je cueille	que j'aie cueilli	que je cueillisse	que j'eusse cueilli
que tu cueilles	que tu aies cueilli	que tu cueillisses	que tu eusses cueilli
qu'il cueille	qu'il ait cueilli	qu'il cueillît	qu'il eût cueilli
que nous cueillions	que nous ayons cueilli	que nous cueillissions	que nous eussions cueilli
que vous cueilliez	que vous ayez cueilli	que vous cueillissiez	que vous eussiez cueilli
qu'ils cueillent	qu'ils aient cueilli	qu'ils cueillissent	qu'ils eussent cueilli

INFINITIF / PARTICIPE / GÉRONDIF

Présent	Passé	Présent	Passé	Présent	Passé
cueillir	avoir cueilli	cueillant	cueilli	en cueillant	en ayant cueilli
			ayant cueilli		

Remarques et usage

▶ Les terminaisons de **cueillir** sont analogues à celles des verbes du 1er groupe à certains temps.
Je cueille des tulipes. [kœj]
Je ne veux pas que les enfants cueillent les fleurs du jardin. [kœj]

Ne cueillez pas ces violettes. [kœje]
Autrefois, vous cueilliez des marguerites dans les champs. (attention au i). [kœjje]
Nous cueillerons des roses. (attention au **e**). [kœj(ə)ʀɔ̃]

INDICATIF

Présent	Passé composé	Imparfait	Plus-que-parfait
je dois	j'ai dû	je devais	j'avais dû
tu dois	tu as dû	tu devais	tu avais dû
il doit	il a dû	il devait	il avait dû
nous devons	nous avons dû	nous devions	nous avions dû
vous devez	vous avez dû	vous deviez	vous aviez dû
ils doivent	ils ont dû	ils devaient	ils avaient dû
Passé simple	**Passé antérieur**	**Futur simple**	**Futur antérieur**
je dus	j'eus dû	je devrai	j'aurai dû
tu dus	tu eus dû	tu devras	tu auras dû
il dut	il eut dû	il devra	il aura dû
nous dûmes	nous eûmes dû	nous devrons	nous aurons dû
vous dûtes	vous eûtes dû	vous devrez	vous aurez dû
ils durent	ils eurent dû	ils devront	ils auront dû

CONDITIONNEL / IMPÉRATIF

Présent	Passé	Présent	Passé
je devrais	j'aurais dû	dois	aie dû
tu devrais	tu aurais dû	devons	ayons dû
il devrait	il aurait dû	devez	ayez dû
nous devrions	nous aurions dû		
vous devriez	vous auriez dû		
ils devraient	ils auraient dû		

SUBJONCTIF

Présent	Passé	Imparfait	Plus-que-parfait
que je doive	que j'aie dû	que je dusse	que j'eusse dû
que tu doives	que tu aies dû	que tu dusses	que tu eusses dû
qu'il doive	qu'il ait dû	qu'il dût	qu'il eût dû
que nous devions	que nous ayons dû	que nous dussions	que nous eussions dû
que vous deviez	que vous ayez dû	que vous dussiez	que vous eussiez dû
qu'ils doivent	qu'ils aient dû	qu'ils dussent	qu'ils eussent dû

INFINITIF / PARTICIPE / GÉRONDIF

Présent	Passé	Présent	Passé	Présent	Passé
devoir	avoir dû	devant	dû ayant dû	en devant	en ayant dû

Remarques et usage

▶ Le participe passé prend un accent circonflexe au masculin singulier.
Nous avons dû trouver une autre baby-sitter. [dy]
J'ai dû oublier mes clés chez vous.
Tu n'aurais pas dû dire ça.
Vous auriez dû m'écouter.

▶ Il n'y a pas d'accent circonflexe au masculin pluriel et au féminin singulier et pluriel.
Les montants indiqués ci-dessous sont dus par le client. [dy]
La somme indiquée ci-dessous est due par le client. [dy]
Les sommes indiquées ci-dessous sont dues par le client. [dy]

▶ **Devoir** peut être suivi d'un infinitif et changer de sens.

Devoir + infinitif : être dans l'obligation de
Nous devons partir demain matin très tôt.
Tu dois présenter ton passeport.
J'ai dû répéter la leçon.
Je devais travailler le dimanche.

Devoir : avoir l'intention de, être censé faire quelque chose (souvent à l'imparfait)
Elle devait venir m'aider mais elle n'est pas venue.
Je devais finir ce rapport pour aujourd'hui, mais j'ai manqué de temps et il n'est pas fini.
Tu ne devais pas faire le ménage ?

Devoir + infinitif : indique la probabilité
Vous devez être Ludovic ? (Je pense que vous êtes Ludovic.)
Je devrais être prêt dans dix minutes.
Nous sommes cinq et la voiture est grande, ça devrait aller.
Marc n'est pas encore là, c'est bizarre. Il a dû se tromper de jour.

▶ **Devoir :** avoir à payer, à rendre (une somme d'argent ou autre chose)
Combien je vous dois ?
N'oublie pas que tu me dois 500 euros.
Il m'a rendu ce qu'il me devait.
Tu me dois une explication pour l'attitude que tu as eue hier.

▶ **Se devoir de + infinitif :** être obligé de ; se sentir obligé de
Vous vous devez de l'aider.
Je me dois de vous dire la vérité.
Elle se devait de rester tard pour finir son travail.

▶ **Devoir quelque chose à quelque chose**
Il doit sa réussite à son travail.
(Il a réussi car il a beaucoup travaillé.)
Elle doit ses problèmes à son inconscience.

▶ **Devoir quelque chose à quelqu'un**
Elle doit sa promotion à son père. (C'est grâce à son père qu'elle a eu une promotion.)
C'est à toi que je dois mon succès.

▶ **Comme il se doit :** comme il est convenable
Ils passent Noël en famille, comme il se doit.

▶ Au présent du conditionnel, **devoir** permet de donner un conseil.
Tu devrais prendre des vacances.
Tu ne devrais pas fumer autant.
Vous devriez dire la vérité.
Vous ne devriez pas parler sur ce ton à votre directeur.

▶ Au passé du conditionnel, **devoir** permet d'exprimer un reproche ou un regret.
Tu aurais dû venir à la fête hier soir, c'était très bien.
Tu n'aurais pas dû mettre ce pantalon vert avec cette chemise orange.
Vous auriez dû laisser un pourboire au serveur.
Vous n'auriez pas dû vous inscrire dans cette école, elle a très mauvaise réputation.
J'aurais dû prendre mon parapluie, il va pleuvoir.
Je n'aurais jamais dû vendre ma maison de campagne.
N'aurions-nous pas dû les avertir ?

45 dire

3e groupe

INDICATIF

Présent	Passé composé	Imparfait	Plus-que-parfait
je dis	j'ai dit	je disais	j'avais dit
tu dis	tu as dit	tu disais	tu avais dit
il dit	il a dit	il disait	il avait dit
nous disons	nous avons dit	nous disions	nous avions dit
vous dites	vous avez dit	vous disiez	vous aviez dit
ils disent	ils ont dit	ils disaient	ils avaient dit
Passé simple	**Passé antérieur**	**Futur simple**	**Futur antérieur**
je dis	j'eus dit	je dirai	j'aurai dit
tu dis	tu eus dit	tu diras	tu auras dit
il dit	il eut dit	il dira	il aura dit
nous dîmes	nous eûmes dit	nous dirons	nous aurons dit
vous dîtes	vous eûtes dit	vous direz	vous aurez dit
ils dirent	ils eurent dit	ils diront	ils auront dit

CONDITIONNEL

Présent	Passé
je dirais	j'aurais dit
tu dirais	tu aurais dit
il dirait	il aurait dit
nous dirions	nous aurions dit
vous diriez	vous auriez dit
ils diraient	ils auraient dit

IMPÉRATIF

Présent	Passé
dis	aie dit
disons	ayons dit
dites	ayez dit

SUBJONCTIF

Présent	Passé	Imparfait	Plus-que-parfait
que je dise	que j'aie dit	que je disse	que j'eusse dit
que tu dises	que tu aies dit	que tu disses	que tu eusses dit
qu'il dise	qu'il ait dit	qu'il dît	qu'il eût dit
que nous disions	que nous ayons dit	que nous dissions	que nous eussions dit
que vous disiez	que vous ayez dit	que vous dissiez	que vous eussiez dit
qu'ils disent	qu'ils aient dit	qu'ils dissent	qu'ils eussent dit

INFINITIF / PARTICIPE / GÉRONDIF

Présent	Passé	Présent	Passé	Présent	Passé
dire	avoir dit	disant	dit ayant dit	en disant	en ayant dit

Remarques et usage

▶ Au passé simple, les trois premières personnes du singulier sont identiques à celles du présent de l'indicatif.
Je dis, tu dis, il dit. [di]

▶ La 2e personne du pluriel du présent de l'indicatif et de l'impératif est irrégulière.
Vous dites. [dit]
Dites-moi ce que vous voulez. [dit]

▶ * Ces verbes ont la même conjugaison que **dire** sauf à la 2e personne du pluriel du présent de l'indicatif et de l'impératif : *vous contredisez, vous interdisez, vous médisez, vous prédisez ; contredisez, interdisez…*

INDICATIF

Présent	Passé composé	Imparfait	Plus-que-parfait
je dors	j'ai dormi	je dormais	j'avais dormi
tu dors	tu as dormi	tu dormais	tu avais dormi
il dort	il a dormi	il dormait	il avait dormi
nous dormons	nous avons dormi	nous dormions	nous avions dormi
vous dormez	vous avez dormi	vous dormiez	vous aviez dormi
ils dorment	ils ont dormi	ils dormaient	ils avaient dormi
Passé simple	Passé antérieur	Futur simple	Futur antérieur
je dormis	j'eus dormi	je dormirai	j'aurai dormi
tu dormis	tu eus dormi	tu dormiras	tu auras dormi
il dormit	il eut dormi	il dormira	il aura dormi
nous dormîmes	nous eûmes dormi	nous dormirons	nous aurons dormi
vous dormîtes	vous eûtes dormi	vous dormirez	vous aurez dormi
ils dormirent	ils eurent dormi	ils dormiront	ils auront dormi

CONDITIONNEL

Présent	Passé
je dormirais	j'aurais dormi
tu dormirais	tu aurais dormi
il dormirait	il aurait dormi
nous dormirions	nous aurions dormi
vous dormiriez	vous auriez dormi
ils dormiraient	ils auraient dormi

IMPÉRATIF

Présent	Passé
dors	aie dormi
dormons	ayons dormi
dormez	ayez dormi

SUBJONCTIF

Présent	Passé	Imparfait	Plus-que-parfait
que je dorme	que j'aie dormi	que je dormisse	que j'eusse dormi
que tu dormes	que tu aies dormi	que tu dormisses	que tu eusses dormi
qu'il dorme	qu'il ait dormi	qu'il dormît	qu'il eût dormi
que nous dormions	que nous ayons dormi	que nous dormissions	que nous eussions dormi
que vous dormiez	que vous ayez dormi	que vous dormissiez	que vous eussiez dormi
qu'ils dorment	qu'ils aient dormi	qu'ils dormissent	qu'ils eussent dormi

INFINITIF		PARTICIPE		GÉRONDIF	
Présent	Passé	Présent	Passé	Présent	Passé
dormir	avoir dormi	dormant	dormi	en dormant	en ayant dormi
			ayant dormi		

Remarques et usage

▶ Les terminaisons des personnes du singulier du présent de l'indicatif (-s, -s, -t) et de l'impératif (-s) ne se prononcent pas.

Je dors bien en général. [dɔʀ]
Et toi, tu dors bien ? [dɔʀ]
Luc dort en moyenne huit heures par nuit. [dɔʀ]

Bonne nuit, dors bien. [dɔʀ]
Vous avez bien dormi ? [dɔʀmi]
Je n'ai pas bien dormi cette nuit, je dormirai mieux la nuit prochaine.
Il faut que le bébé dorme, il est fatigué. [dɔʀm]

47 écrire

même conjugaison pour
décrire, ré(é)crire *et les verbes en* -scrire : inscrire, transcrire, ...

3e groupe

INDICATIF

Présent	Passé composé	Imparfait	Plus-que-parfait
j'écris	j'ai écrit	j'écrivais	j'avais écrit
tu écris	tu as écrit	tu écrivais	tu avais écrit
il écrit	il a écrit	il écrivait	il avait écrit
nous écrivons	nous avons écrit	nous écrivions	nous avions écrit
vous écrivez	vous avez écrit	vous écriviez	vous aviez écrit
ils écrivent	ils ont écrit	ils écrivaient	ils avaient écrit
Passé simple	**Passé antérieur**	**Futur simple**	**Futur antérieur**
j'écrivis	j'eus écrit	j'écrirai	j'aurai écrit
tu écrivis	tu eus écrit	tu écriras	tu auras écrit
il écrivit	il eut écrit	il écrira	il aura écrit
nous écrivîmes	nous eûmes écrit	nous écrirons	nous aurons écrit
vous écrivîtes	vous eûtes écrit	vous écrirez	vous aurez écrit
ils écrivirent	ils eurent écrit	ils écriront	ils auront écrit

CONDITIONNEL

Présent	Passé
j'écrirais	j'aurais écrit
tu écrirais	tu aurais écrit
il écrirait	il aurait écrit
nous écririons	nous aurions écrit
vous écririez	vous auriez écrit
ils écriraient	ils auraient écrit

IMPÉRATIF

Présent	Passé
écris	aie écrit
écrivons	ayons écrit
écrivez	ayez écrit

SUBJONCTIF

Présent	Passé	Imparfait	Plus-que-parfait
que j'écrive	que j'aie écrit	que j'écrivisse	que j'eusse écrit
que tu écrives	que tu aies écrit	que tu écrivisses	que tu eusses écrit
qu'il écrive	qu'il ait écrit	qu'il écrivît	qu'il eût écrit
que nous écrivions	que nous ayons écrit	que nous écrivissions	que nous eussions écrit
que vous écriviez	que vous ayez écrit	que vous écrivissiez	que vous eussiez écrit
qu'ils écrivent	qu'ils aient écrit	qu'ils écrivissent	qu'ils eussent écrit

INFINITIF / PARTICIPE / GÉRONDIF

INFINITIF		PARTICIPE		GÉRONDIF	
Présent	Passé	Présent	Passé	Présent	Passé
écrire	avoir écrit	écrivant	écrit	en écrivant	en ayant écrit
			ayant écrit		

Remarques et usage

▶ Les terminaisons des personnes du singulier du présent de l'indicatif (**-s, -s, -t**) et de l'impératif (**-s**) ne se prononcent pas.

J'écris, tu écris, il écrit ; écris. [ekʀi]

▶ Les trois personnes du pluriel du présent de l'indicatif ont le radical **écriv-**.

Nous écrivons [nuzekʀivɔ̃], *vous écrivez* [vuzekʀive], *ils écrivent* [ilzekʀiv].

▶ Le radical **écriv-** est aussi celui de l'imparfait, du passé simple, du présent de l'indicatif, des 1ʳᵉ et 2ᵉ personnes du pluriel du présent de l'impératif, du présent et de l'imparfait du subjonctif et du participe présent.

Autrefois, si on écrivait de la main gauche, le professeur exigeait que l'on écrive de la main droite.

▶ Le participe passé est **écrit**.

J'ai écrit à ma grand-mère. [ekʀi]
Je n'ai pas lu les lettres que tu m'as écrites. [ekʀit]

INDICATIF

Présent	Passé composé	Imparfait	Plus-que-parfait
j'émeus	j'ai ému	j'émouvais	j'avais ému
tu émeus	tu as ému	tu émouvais	tu avais ému
il émeut	il a ému	il émouvait	il avait ému
nous émouvons	nous avons ému	nous émouvions	nous avions ému
vous émouvez	vous avez ému	vous émouviez	vous aviez ému
ils émeuvent	ils ont ému	ils émouvaient	ils avaient ému
Passé simple	**Passé antérieur**	**Futur simple**	**Futur antérieur**
j'émus	j'eus ému	j'émouvrai	j'aurai ému
tu émus	tu eus ému	tu émouvras	tu auras ému
il émut	il eut ému	il émouvra	il aura ému
nous émûmes	nous eûmes ému	nous émouvrons	nous aurons ému
vous émûtes	vous eûtes ému	vous émouvrez	vous aurez ému
ils émurent	ils eurent ému	ils émouvront	ils auront ému

CONDITIONNEL

Présent	Passé
j'émouvrais	j'aurais ému
tu émouvrais	tu aurais ému
il émouvrait	il aurait ému
nous émouvrions	nous aurions ému
vous émouvriez	vous auriez ému
ils émouvraient	ils auraient ému

IMPÉRATIF

Présent	Passé
émeus	aie ému
émouvons	ayons ému
émouvez	ayez ému

SUBJONCTIF

Présent	Passé	Imparfait	Plus-que-parfait
que j'émeuve	que j'aie ému	que j'émusse	que j'eusse ému
que tu émeuves	que tu aies ému	que tu émusses	que tu eusses ému
qu'il émeuve	qu'il ait ému	qu'il émût	qu'il eût ému
que nous émouvions	que nous ayons ému	que nous émussions	que nous eussions ému
que vous émouviez	que vous ayez ému	que vous émussiez	que vous eussiez ému
qu'ils émeuvent	qu'ils aient ému	qu'ils émussent	qu'ils eussent ému

INFINITIF / PARTICIPE / GÉRONDIF

INFINITIF		PARTICIPE		GÉRONDIF	
Présent	**Passé**	**Présent**	**Passé**	**Présent**	**Passé**
émouvoir	avoir ému	émouvant	ému	en émouvant	en ayant ému
			ayant ému		

Remarques et usage

▶ **Mouvoir** (peu fréquent) signifie « bouger » et se conjugue comme **émouvoir**, mais le participe passé prend un accent circonflexe : **mû**. [my]

▶ **Promouvoir** se conjugue comme **émouvoir** et signifie « élever à un poste supérieur ».
Il a été promu chef du personnel. [prɔmy]

▶ **Émouvoir** : provoquer une émotion
Ce film m'a beaucoup ému. [emy]

J'ai été très ému par ce film.
Ses discours émeuvent souvent le public. [emœv]

▶ **S'émouvoir** : verbe pronominal qui a le sens de « ressentir une émotion ».
Ils se sont émus en voyant leur fils à la télévision.
Elle est très sensible, elle s'émeut facilement. [semø]

49 éteindre

verbes en -**eindre**
même conjugaison pour
atteindre, feindre, geindre, peindre, restreindre, ...

3e groupe

INDICATIF

Présent	Passé composé	Imparfait	Plus-que-parfait
j'éteins	j'ai éteint	j'éteignais	j'avais éteint
tu éteins	tu as éteint	tu éteignais	tu avais éteint
il éteint	il a éteint	il éteignait	il avait éteint
nous éteignons	nous avons éteint	nous éteignions	nous avions éteint
vous éteignez	vous avez éteint	vous éteigniez	vous aviez éteint
ils éteignent	ils ont éteint	ils éteignaient	ils avaient éteint
Passé simple	**Passé antérieur**	**Futur simple**	**Futur antérieur**
j'éteignis	j'eus éteint	j'éteindrai	j'aurai éteint
tu éteignis	tu eus éteint	tu éteindras	tu auras éteint
il éteignit	il eut éteint	il éteindra	il aura éteint
nous éteignîmes	nous eûmes éteint	nous éteindrons	nous aurons éteint
vous éteignîtes	vous eûtes éteint	vous éteindrez	vous aurez éteint
ils éteignirent	ils eurent éteint	ils éteindront	ils auront éteint

CONDITIONNEL / IMPÉRATIF

Présent	Passé	Présent	Passé
j'éteindrais	j'aurais éteint	éteins	aie éteint
tu éteindrais	tu aurais éteint	éteignons	ayons éteint
il éteindrait	il aurait éteint	éteignez	ayez éteint
nous éteindrions	nous aurions éteint		
vous éteindriez	vous auriez éteint		
ils éteindraient	ils auraient éteint		

SUBJONCTIF

Présent	Passé	Imparfait	Plus-que-parfait
que j'éteigne	que j'aie éteint	que j'éteignisse	que j'eusse éteint
que tu éteignes	que tu aies éteint	que tu éteignisses	que tu eusses éteint
qu'il éteigne	qu'il ait éteint	qu'il éteignît	qu'il eût éteint
que nous éteignions	que nous ayons éteint	que nous éteignissions	que nous eussions éteint
que vous éteigniez	que vous ayez éteint	que vous éteignissiez	que vous eussiez éteint
qu'ils éteignent	qu'ils aient éteint	qu'ils éteignissent	qu'ils eussent éteint

INFINITIF / PARTICIPE / GÉRONDIF

Présent	Passé	Présent	Passé	Présent	Passé
éteindre	avoir éteint	éteignant	éteint	en éteignant	en ayant éteint
			ayant éteint		

Remarques et usage

▶ Le **d** du verbe disparaît à tous les temps sauf au futur simple et au présent du conditionnel.
Tu éteindras la lumière quand tu quitteras la pièce. [etɛ̃dʀa]
Je ne pensais pas que tu éteindrais toutes les lumières. [etɛ̃dʀɛ]

▶ Attention aux formes en **gn** à certaines personnes et à certains temps.

Nous éteignons toujours l'ordinateur avant de quitter le bureau. [etɛɲɔ̃]
Éteignez votre cigarette, s'il vous plaît. [etɛɲe]
Je veux que tu éteignes la lumière du jardin. [etɛɲ]

▶ Le participe passé est en -**eint**.
J'ai éteint la lampe de chevet. [etɛ̃]

⚠ Les verbes en -**aindre** et en -**oindre** suivent cette conjugaison (cf. pages 109 et 141)

même conjugaison pour
conclure, inclure*, ...

exclure 50

INDICATIF

Présent	Passé composé	Imparfait	Plus-que-parfait
j'exclus	j'ai exclu	j'excluais	j'avais exclu
tu exclus	tu as exclu	tu excluais	tu avais exclu
il exclut	il a exclu	il excluait	il avait exclu
nous excluons	nous avons exclu	nous excluions	nous avions exclu
vous excluez	vous avez exclu	vous excluiez	vous aviez exclu
ils excluent	ils ont exclu	ils excluaient	ils avaient exclu
Passé simple	Passé antérieur	Futur simple	Futur antérieur
j'exclus	j'eus exclu	j'exclurai	j'aurai exclu
tu exclus	tu eus exclu	tu excluras	tu auras exclu
il exclut	il eut exclu	il exclura	il aura exclu
nous exclûmes	nous eûmes exclu	nous exclurons	nous aurons exclu
vous exclûtes	vous eûtes exclu	vous exclurez	vous aurez exclu
ils exclurent	ils eurent exclu	ils excluront	ils auront exclu

CONDITIONNEL

Présent	Passé
j'exclurais	j'aurais exclu
tu exclurais	tu aurais exclu
il exclurait	il aurait exclu
nous exclurions	nous aurions exclu
vous excluriez	vous auriez exclu
ils excluraient	ils auraient exclu

IMPÉRATIF

Présent	Passé
exclus	aie exclu
excluons	ayons exclu
excluez	ayez exclu

SUBJONCTIF

Présent	Passé	Imparfait	Plus-que-parfait
que j'exclue	que j'aie exclu	que j'exclusse	que j'eusse exclu
que tu exclues	que tu aies exclu	que tu exclusses	que tu eusses exclu
qu'il exclue	qu'il ait exclu	qu'il exclût	qu'il eût exclu
que nous excluions	que nous ayons exclu	que nous exclussions	que nous eussions exclu
que vous excluiez	que vous ayez exclu	que vous exclussiez	que vous eussiez exclu
qu'ils excluent	qu'ils aient exclu	qu'ils exclussent	qu'ils eussent exclu

INFINITIF

Présent	Passé
exclure	avoir exclu

PARTICIPE

Présent	Passé
excluant	exclu
	ayant exclu

GÉRONDIF

Présent	Passé
en excluant	en ayant exclu

Remarques et usage

▶ Les terminaisons des personnes du singulier du présent de l'indicatif (-**s**, -**s**, -**t**) et de l'impératif (-**s**) ne se prononcent pas.

À partir d'aujourd'hui, j'exclus le chocolat de mon alimentation. [ʒɛkskly]

Cette école est très stricte et exclut les étudiants qui ne respectent pas le règlement. [ɛkskly]

Exclus cette idée. [ɛkskly]

▶ Le participe passé de **exclure** est **exclu(e)(s)**.

Je n'ai pas exclu la possibilité de déménager en province. [ɛkskly]

La personne qu'il a exclue du comité a décidé de l'attaquer en justice. [ɛkskly]

▶ * Le participe passé de **inclure** est **inclus** avec un **s**.

Le transport est inclus dans le prix. [ɛ̃kly]

La TVA est incluse dans le prix. [ɛ̃klyz]

119

faire

3e groupe

INDICATIF

Présent	Passé composé	Imparfait	Plus-que-parfait
je fais	j'ai fait	je faisais	j'avais fait
tu fais	tu as fait	tu faisais	tu avais fait
il fait	il a fait	il faisait	il avait fait
nous faisons	nous avons fait	nous faisions	nous avions fait
vous faites	vous avez fait	vous faisiez	vous aviez fait
ils font	ils ont fait	ils faisaient	ils avaient fait
Passé simple	Passé antérieur	Futur simple	Futur antérieur
je fis	j'eus fait	je ferai	j'aurai fait
tu fis	tu eus fait	tu feras	tu auras fait
il fit	il eut fait	il fera	il aura fait
nous fîmes	nous eûmes fait	nous ferons	nous aurons fait
vous fîtes	vous eûtes fait	vous ferez	vous aurez fait
ils firent	ils eurent fait	ils feront	ils auront fait

CONDITIONNEL

Présent	Passé
je ferais	j'aurais fait
tu ferais	tu aurais fait
il ferait	il aurait fait
nous ferions	nous aurions fait
vous feriez	vous auriez fait
ils feraient	ils auraient fait

IMPÉRATIF

Présent	Passé
fais	aie fait
faisons	ayons fait
faites	ayez fait

SUBJONCTIF

Présent	Passé	Imparfait	Plus-que-parfait
que je fasse	que j'aie fait	que je fisse	que j'eusse fait
que tu fasses	que tu aies fait	que tu fisses	que tu eusses fait
qu'il fasse	qu'il ait fait	qu'il fît	qu'il eût fait
que nous fassions	que nous ayons fait	que nous fissions	que nous eussions fait
que vous fassiez	que vous ayez fait	que vous fissiez	que vous eussiez fait
qu'ils fassent	qu'ils aient fait	qu'ils fissent	qu'ils eussent fait

INFINITIF / PARTICIPE / GÉRONDIF

Présent	Passé	Présent	Passé	Présent	Passé
faire	avoir fait	faisant	fait	en faisant	en ayant fait
			ayant fait		

Remarques et usage

▶ La 2e personne du pluriel du présent de l'indicatif et de l'impératif a une forme irrégulière.
Vous faites des progrès. [fɛt]
Faites du sport ! [fɛt]

▶ Attention à la prononciation : parfois, ai se prononce [ə] :
– au présent de l'indicatif, à la 1re personne du pluriel :
Nous faisons. [fəzɔ̃]

– à l'imparfait, à toutes les personnes :
Je faisais, tu faisais, il faisait, ils faisaient [fəzɛ] ; *nous faisions* [fəzjɔ̃] ; *vous faisiez* [fəzje].

▶ Au futur simple et au présent du conditionnel, le radical est **fer-**.
Je ferai le ménage demain. [fəʀe]
Si j'avais de longues vacances, je ferais un voyage en Australie. [fəʀɛ]

▶ Le présent du subjonctif a pour radical **fass-**.
Il faut que je fasse mes devoirs. [fas]
J'aimerais que vous fassiez cela pour moi. [fasje]

▶ **Faire** a plusieurs significations ; il peut être suivi d'un adjectif, d'un nom, d'un infinitif, etc., et changer de sens.

Créer, fabriquer
Tu as fait un gâteau superbe !
L'incendie a fait beaucoup de dégâts.

Effectuer (un travail, une activité...)
J'ai fait mes exercices.
Mon mari a fait la cuisine aujourd'hui.
Que faites-vous dans la vie ? – Je fais de la sculpture. (Je suis sculpteur.)

Égaler (résultat d'une opération)
Deux et deux font quatre.
Six et onze, ça fait dix-sept. (familier)
Trois kilos de pommes à deux euros le kilo, cela (ça) fait six euros.

Parcourir
J'ai fait 10 kilomètres à pied.
Nous avons fait Paris-Marseille en 3 heures.

Dire (souvent utilisé à l'écrit au passé simple)
Il lui demanda son nom. « Cela ne vous regarde pas », fit-elle.

▶ **Faire de** + **quelque chose** (dans une question)
Mettre
Qu'est-ce que j'ai fait de mon porte-monnaie ? (Où ai-je mis mon porte-monnaie ?)
Qu'est-ce que je fais de ce reste de salade ? – Il faut le jeter.

▶ **Faire** : verbe impersonnel exprimant le temps qu'il fait
Il fait beau aujourd'hui.
Il ne fait pas très chaud.
Allons dîner dans le jardin, il fait bon ce soir (la température est agréable).
Il fait 24 degrés.
Il fait un temps magnifique.
Il fait un temps de chien.
Il fait un froid de canard.

▶ **Faire** + **nom** (exprimant un effet produit)
Ce chien fait peur aux enfants.
Ça me fait plaisir que vous soyez tous venus.
Je me suis fait mal au pied en tombant.
Ça fait mal.
Mes voisins font du bruit.

▶ **Faire** + **infinitif**
• **être la cause de** :
Il a fait tomber sa petite sœur.
Il nous a fait attendre deux heures dans la salle d'attente !
Le comique nous a fait beaucoup rire.

• **charger quelqu'un de faire quelque chose** :
J'ai fait réparer la voiture.
Nous allons faire repeindre la salle de bains.
Un jour, je ferai couper cet arbre.

▶ **Se faire** + **infinitif**
• **charger quelqu'un de faire quelque chose** :
Je me fais couper les cheveux dans le salon qui est au bout de la rue.
Georges s'est fait opérer.
Elle s'est fait faire de la chirurgie esthétique.

• **subir une action** :
Nous nous sommes fait voler notre voiture. (fait suivi d'un infinitif est invariable)
Elle s'est fait insulter.
Il s'est fait attaquer.
Paul s'est fait mordre par un chien.

▶ **Cela/ça fait** (durée)
Cela / ça fait 10 ans que je n'ai pas vu Joël.

▶ **Cela/ça se fait** : c'est convenable, habituel
Manger avec les mains, ça ne se fait pas.

faillir

INDICATIF

Présent	Passé composé	Imparfait	Plus-que-parfait
je **faux**	j'ai **failli**	je **faillais**	j'avais **failli**
tu **faux**	tu as **failli**	tu **faillais**	tu avais **failli**
il **faut**	il a **failli**	il **faillait**	il avait **failli**
nous **faillons**	nous avons **failli**	nous **faillions**	nous avions **failli**
vous **faillez**	vous avez **failli**	vous **failliez**	vous aviez **failli**
ils **faillent**	ils ont **failli**	ils **faillaient**	ils avaient **failli**
Passé simple	**Passé antérieur**	**Futur simple**	**Futur antérieur**
je **faillis**	j'eus **failli**	je **faillirai**/*faudrai*	j'aurai **failli**
tu **faillis**	tu eus **failli**	tu **failliras**/*faudras*	tu auras **failli**
il **faillit**	il eut **failli**	il **faillira**/*faudra*	il aura **failli**
nous **faillîmes**	nous eûmes **failli**	nous **faillirons**/*faudrons*	nous aurons **failli**
vous **faillîtes**	vous eûtes **failli**	vous **faillirez**/*faudrez*	vous aurez **failli**
ils **faillirent**	ils eurent **failli**	ils **failliront**/*faudront*	ils auront **failli**

CONDITIONNEL / IMPÉRATIF

Présent	Passé	Présent	Passé
je **faillirais**/*faudrais*	j'aurais **failli**	–	–
tu **faillirais**/*faudrais*	tu aurais **failli**	–	–
il **faillirait**/*faudrait*	il aurait **failli**	–	–
nous **faillirions**/*faudrions*	nous aurions **failli**		
vous **failliriez**/*faudriez*	vous auriez **failli**		
ils **failliraient**/*faudraient*	ils auraient **failli**		

SUBJONCTIF

Présent	Passé	Imparfait	Plus-que-parfait
que je **faillisse**/*faille*	que j'aie **failli**	que je **faillisse**	que j'eusse **failli**
que tu **faillisses**/*failles*	que tu aies **failli**	que tu **faillisses**	que tu eusses **failli**
qu'il **failllisse**/*faille*	qu'il ait **failli**	qu'il **faillît**	qu'il eût **failli**
que nous **faillissions**/*faillions*	que nous ayons **failli**	que nous **faillissions**	que nous eussions **failli**
que vous **faillissiez**/*failliez*	que vous ayez **failli**	que vous **faillissiez**	que vous eussiez **failli**
qu'ils **faillissent**/*faillent*	qu'ils aient **failli**	qu'ils **faillissent**	qu'ils eussent **failli**

INFINITIF / PARTICIPE / GÉRONDIF

Présent	Passé	Présent	Passé	Présent	Passé
faillir	avoir **failli**	**faillant**	**failli**	en **faillant**	en ayant **failli**
			ayant **failli**		

Remarques et usage

▶ **Faillir** est un verbe défectif : la conjugaison est incomplète car elle n'existe pas à l'impératif. À certains temps, il a deux conjugaisons (futur simple de l'indicatif, présent du conditionnel et du subjonctif).

▶ Les formes en italique sont très rares et **faillir** est surtout employé aux formes composées.
J'ai failli ; tu aurais failli... [faji]

▶ **Faillir** est un verbe semi-auxiliaire ; il peut être suivi d'un infinitif et changer de sens.

Faillir : être sur le point de
(généralement utilisé au passé composé)
Je n'ai pas vu le trottoir et j'ai failli tomber.
[faji] (Je suis presque tombé mais je ne suis pas tombé.)
Nous avons failli vendre notre maison.

▶ **Faillir à** : ne pas faire ce que l'on doit faire
Il a failli à son devoir.

INDICATIF

Présent	Passé composé	Imparfait	Plus-que-parfait
–	–	–	–
–	–	–	–
il **faut**	il a **fallu**	il **fallait**	il avait **fallu**
–	–	–	–
–	–	–	–
–	–	–	–

Passé simple	Passé antérieur	Futur simple	Futur antérieur
–	–	–	–
–	–	–	–
il **fallut**	il eut **fallu**	il **faudra**	il aura **fallu**
–	–	–	–
–	–	–	–
–	–	–	–

CONDITIONNEL

Présent	Passé
–	–
–	–
il **faudrait**	il aurait **fallu**
–	–
–	–
–	–

IMPÉRATIF

Présent	Passé
–	–
–	–
–	–

SUBJONCTIF

Présent	Passé	Imparfait	Plus-que-parfait
–	–	–	–
qu'il **faille**	qu'il ait **fallu**	qu'il **fallût**	qu'il eût **fallu**
–	–	–	–
–	–	–	–
–	–	–	–

INFINITIF / PARTICIPE / GÉRONDIF

Présent	Passé	Présent	Passé	Présent	Passé
falloir	–	–	**fallu** ayant **fallu**	–	–

Remarques et usage

▶ **Falloir** est un verbe impersonnel : il n'existe qu'à la 3e personne du singulier.

▶ **Falloir** est aussi un verbe défectif : l'impératif, l'infinitif passé et le gérondif n'existent pas.

▶ **Falloir** : être nécessaire
  • + nom ou pronom :
  Il faut du sucre et du beurre. [fo]
  Il me faut du sucre et du beurre.
  Tu dois partir, il le faut.
  • + infinitif :
  Il faut fermer les fenêtres.
  Il fallait se taire. [falɛ]
  • + **que** + subjonctif :
  Il faut que j'aille à l'aéroport.

3ᵉ groupe

INDICATIF

Présent	Passé composé	Imparfait	Plus-que-parfait
je fu**is**	j'ai fu**i**	je fuy**ais**	j'avais fu**i**
tu fu**is**	tu as fu**i**	tu fuy**ais**	tu avais fu**i**
il fu**it**	il a fu**i**	il fuy**ait**	il avait fu**i**
nous fuy**ons**	nous avons fu**i**	nous fuy**ions**	nous avions fu**i**
vous fuy**ez**	vous avez fu**i**	vous fuy**iez**	vous aviez fu**i**
ils fu**ient**	ils ont fu**i**	ils fuy**aient**	ils avaient fu**i**
Passé simple	**Passé antérieur**	**Futur simple**	**Futur antérieur**
je fu**is**	j'eus fu**i**	je fu**irai**	j'aurai fu**i**
tu fu**is**	tu eus fu**i**	tu fu**iras**	tu auras fu**i**
il fu**it**	il eut fu**i**	il fu**ira**	il aura fu**i**
nous fu**îmes**	nous eûmes fu**i**	nous fu**irons**	nous aurons fu**i**
vous fu**îtes**	vous eûtes fu**i**	vous fu**irez**	vous aurez fu**i**
ils fu**irent**	ils eurent fu**i**	ils fu**iront**	ils auront fu**i**

CONDITIONNEL / IMPÉRATIF

Présent	Passé	Présent	Passé
je fu**irais**	j'aurais fu**i**	fu**is**	aie fu**i**
tu fu**irais**	tu aurais fu**i**	fuy**ons**	ayons fu**i**
il fu**irait**	il aurait fu**i**	fuy**ez**	ayez fu**i**
nous fu**irions**	nous aurions fu**i**		
vous fu**iriez**	vous auriez fu**i**		
ils fu**iraient**	ils auraient fu**i**		

SUBJONCTIF

Présent	Passé	Imparfait	Plus-que-parfait
que je fu**ie**	que j'aie fu**i**	que je fu**isse**	que j'eusse fu**i**
que tu fu**ies**	que tu aies fu**i**	que tu fu**isses**	que tu eusses fu**i**
qu'il fu**ie**	qu'il ait fu**i**	qu'il fu**ît**	qu'il eût fu**i**
que nous fuy**ions**	que nous ayons fu**i**	que nous fu**issions**	que nous eussions fu**i**
que vous fuy**iez**	que vous ayez fu**i**	que vous fu**issiez**	que vous eussiez fu**i**
qu'ils fu**ient**	qu'ils aient fu**i**	qu'ils fu**issent**	qu'ils eussent fu**i**

INFINITIF / PARTICIPE / GÉRONDIF

Présent	Passé	Présent	Passé	Présent	Passé
fuir	avoir fu**i**	fuy**ant**	fu**i** / ayant fu**i**	en fuy**ant**	en ayant fu**i**

Remarques et usage

▶ **Fuir** : partir rapidement pour éviter un danger.

▶ Devant **a**, **e** (prononcé), **i** et **o**, **i** devient **y**.
Il fuyait [fɥijɛ]. *Vous fuyez* [fɥije]. *Vous fuyiez* [fɥijje]. *Nous fuyons* [fɥijɔ̃]. *Nous fuyions* [fɥijjɔ̃].

▶ Les trois premières personnes du présent et du passé simple de l'indicatif sont identiques.
Je fuis, tu fuis, il fuit. [fɥi]

▶ **Fuir** se conjugue avec l'auxiliaire **avoir** aux temps du passé.
*Les bandits **ont** fui dès qu'ils ont entendu les sirènes de la police.*

▶ **S'enfuir** (s'échapper) se conjugue avec l'auxiliaire **être** aux temps du passé.
*Les bandits se **sont** enfuis.*

verbes en -pre
même conjugaison pour
corrompre, rompre, ...

interrompre 55

3ᵉ groupe

INDICATIF

Présent	Passé composé	Imparfait	Plus-que-parfait
j'interromps	j'ai interrompu	j'interrompais	j'avais interrompu
tu interromps	tu as interrompu	tu interrompais	tu avais interrompu
il interrompt	il a interrompu	il interrompait	il avait interrompu
nous interrompons	nous avons interrompu	nous interrompions	nous avions interrompu
vous interrompez	vous avez interrompu	vous interrompiez	vous aviez interrompu
ils interrompent	ils ont interrompu	ils interrompaient	ils avaient interrompu
Passé simple	**Passé antérieur**	**Futur simple**	**Futur antérieur**
j'interrompis	j'eus interrompu	j'interromprai	j'aurai interrompu
tu interrompis	tu eus interrompu	tu interrompras	tu auras interrompu
il interrompit	il eut interrompu	il interrompra	il aura interrompu
nous interrompîmes	nous eûmes interrompu	nous interromprons	nous aurons interrompu
vous interrompîtes	vous eûtes interrompu	vous interromprez	vous aurez interrompu
ils interrompirent	ils eurent interrompu	ils interrompront	ils auront interrompu

CONDITIONNEL

Présent	Passé
j'interromprais	j'aurais interrompu
tu interromprais	tu aurais interrompu
il interromprait	il aurait interrompu
nous interromprions	nous aurions interrompu
vous interrompriez	vous auriez interrompu
ils interrompraient	ils auraient interrompu

IMPÉRATIF

Présent	Passé
interromps	aie interrompu
interrompons	ayons interrompu
interrompez	ayez interrompu

SUBJONCTIF

Présent	Passé	Imparfait	Plus-que-parfait
que j'interrompe	que j'aie interrompu	que j'interrompisse	que j'eusse interrompu
que tu interrompes	que tu aies interrompu	que tu interrompisses	que tu eusses interrompu
qu'il interrompe	qu'il ait interrompu	qu'il interrompît	qu'il eût interrompu
que nous interrompions	que nous ayons interrompu	que nous interrompissions	que nous eussions interrompu
que vous interrompiez	que vous ayez interrompu	que vous interrompissiez	que vous eussiez interrompu
qu'ils interrompent	qu'ils aient interrompu	qu'ils interrompissent	qu'ils eussent interrompu

INFINITIF / PARTICIPE / GÉRONDIF

Présent	Passé	Présent	Passé	Présent	Passé
interrompre	avoir interrompu	interrompant	interrompu	en interrompant	en ayant
			ayant interrompu		interrompu

Remarques et usage

▶ Les terminaisons des personnes du singulier du présent de l'indicatif (**-ps**, **-ps**, **-pt**) et de l'impératif (**-ps**) ne se prononcent pas.

Je n'interromps jamais mon directeur, mais lui m'interrompt souvent. [ɛ̃teʀɔ̃]
Ne m'interromps pas, s'il te plaît. [ɛ̃teʀɔ̃]

▶ Le participe passé de **interrompre** comme des autres verbes en **-pre** est en **-u**.

Il m'a interrompu. [ɛ̃teʀɔ̃py]
Les négociations ont été interrompues. [ɛ̃teʀɔ̃py]

3e groupe

INDICATIF

Présent	Passé composé	Imparfait	Plus-que-parfait
je **lis**	j'ai **lu**	je **lisais**	j'avais **lu**
tu **lis**	tu as **lu**	tu **lisais**	tu avais **lu**
il **lit**	il a **lu**	il **lisait**	il avait **lu**
nous **lisons**	nous avons **lu**	nous **lisions**	nous avions **lu**
vous **lisez**	vous avez **lu**	vous **lisiez**	vous aviez **lu**
ils **lisent**	ils ont **lu**	ils **lisaient**	ils avaient **lu**
Passé simple	**Passé antérieur**	**Futur simple**	**Futur antérieur**
je **lus**	j'eus **lu**	je **lirai**	j'aurai **lu**
tu **lus**	tu eus **lu**	tu **liras**	tu auras **lu**
il **lut**	il eut **lu**	il **lira**	il aura **lu**
nous **lûmes**	nous eûmes **lu**	nous **lirons**	nous aurons **lu**
vous **lûtes**	vous eûtes **lu**	vous **lirez**	vous aurez **lu**
ils **lurent**	ils eurent **lu**	ils **liront**	ils auront **lu**

CONDITIONNEL | IMPÉRATIF

Présent	Passé	Présent	Passé
je **lirais**	j'aurais **lu**	**lis**	aie **lu**
tu **lirais**	tu aurais **lu**	**lisons**	ayons **lu**
il **lirait**	il aurait **lu**	**lisez**	ayez **lu**
nous **lirions**	nous aurions **lu**		
vous **liriez**	vous auriez **lu**		
ils **liraient**	ils auraient **lu**		

SUBJONCTIF

Présent	Passé	Imparfait	Plus-que-parfait
que je **lise**	que j'aie **lu**	que je **lusse**	que j'eusse **lu**
que tu **lises**	que tu aies **lu**	que tu **lusses**	que tu eusses **lu**
qu'il **lise**	qu'il ait **lu**	qu'il **lût**	qu'il eût **lu**
que nous **lisions**	que nous ayons **lu**	que nous **lussions**	que nous eussions **lu**
que vous **lisiez**	que vous ayez **lu**	que vous **lussiez**	que vous eussiez **lu**
qu'ils **lisent**	qu'ils aient **lu**	qu'ils **lussent**	qu'ils eussent **lu**

INFINITIF | PARTICIPE | GÉRONDIF

Présent	Passé	Présent	Passé	Présent	Passé
lire	avoir **lu**	**lisant**	**lu**	en **lisant**	en ayant **lu**
			ayant **lu**		

Remarques et usage

▶ Le participe passé de **lire** est **lu(e)(s)**.

*Ils ont **lu** toutes les pièces de Molière.* [ly]
*« **Lu** et approuvé »* (s'écrit généralement à la fin
d'un contrat, avant la signature).
*Je n'ai pas aimé l'histoire que vous avez **lue**.*

(avec l'auxiliaire avoir)
même conjugaison pour
démentir, sentir, consentir, ressentir, ...

mentir 57

INDICATIF

Présent	Passé composé	Imparfait	Plus-que-parfait
je mens	j'ai menti	je mentais	j'avais menti
tu mens	tu as menti	tu mentais	tu avais menti
il ment	il a menti	il mentait	il avait menti
nous mentons	nous avons menti	nous mentions	nous avions menti
vous mentez	vous avez menti	vous mentiez	vous aviez menti
ils mentent	ils ont menti	ils mentaient	ils avaient menti
Passé simple	**Passé antérieur**	**Futur simple**	**Futur antérieur**
je mentis	j'eus menti	je mentirai	j'aurai menti
tu mentis	tu eus menti	tu mentiras	tu auras menti
il mentit	il eut menti	il mentira	il aura menti
nous mentîmes	nous eûmes menti	nous mentirons	nous aurons menti
vous mentîtes	vous eûtes menti	vous mentirez	vous aurez menti
ils mentirent	ils eurent menti	ils mentiront	ils auront menti

CONDITIONNEL / IMPÉRATIF

Présent	Passé	Présent	Passé
je mentirais	j'aurais menti	mens	aie menti
tu mentirais	tu aurais menti	mentons	ayons menti
il mentirait	il aurait menti	mentez	ayez menti
nous mentirions	nous aurions menti		
vous mentiriez	vous auriez menti		
ils mentiraient	ils auraient menti		

SUBJONCTIF

Présent	Passé	Imparfait	Plus-que-parfait
que je mente	que j'aie menti	que je mentisse	que j'eusse menti
que tu mentes	que tu aies menti	que tu mentisses	que tu eusses menti
qu'il mente	qu'il ait menti	qu'il mentît	qu'il eût menti
que nous mentions	que nous ayons menti	que nous mentissions	que nous eussions menti
que vous mentiez	que vous ayez menti	que vous mentissiez	que vous eussiez menti
qu'ils mentent	qu'ils aient menti	qu'ils mentissent	qu'ils eussent menti

INFINITIF / PARTICIPE / GÉRONDIF

Présent	Passé	Présent	Passé	Présent	Passé
mentir	avoir menti	mentant	menti / ayant menti	en mentant	en ayant menti

Remarques et usage

▶ **Mentir** (à quelqu'un) : dire quelque chose de faux
Il ment comme il respire. [mã]
Je ne vous mens pas. [mã]
Il nous a menti. [mãti]

▶ **Démentir** : affirmer le contraire de ce qui a été dit
Le gouvernement vient de démentir qu'il y aurait bientôt une hausse des impôts.

⚠ Il existe d'autres verbes en -**tir** mais ils appartiennent au 2e groupe et suivent la conjugaison de **finir**.
Nous vous garantissons de bons résultats.

mettre

même conjugaison pour
admettre, commettre, permettre, promettre,
remettre, soumettre, transmettre, ...

3 e groupe

INDICATIF

Présent	Passé composé	Imparfait	Plus-que-parfait
je mets	j'ai mis	je mettais	j'avais mis
tu mets	tu as mis	tu mettais	tu avais mis
il met	il a mis	il mettait	il avait mis
nous mettons	nous avons mis	nous mettions	nous avions mis
vous mettez	vous avez mis	vous mettiez	vous aviez mis
ils mettent	ils ont mis	ils mettaient	ils avaient mis
Passé simple	**Passé antérieur**	**Futur simple**	**Futur antérieur**
je mis	j'eus mis	je mettrai	j'aurai mis
tu mis	tu eus mis	tu mettras	tu auras mis
il mit	il eut mis	il mettra	il aura mis
nous mîmes	nous eûmes mis	nous mettrons	nous aurons mis
vous mîtes	vous eûtes mis	vous mettrez	vous aurez mis
ils mirent	ils eurent mis	ils mettront	ils auront mis

CONDITIONNEL

Présent	Passé
je mettrais	j'aurais mis
tu mettrais	tu aurais mis
il mettrait	il aurait mis
nous mettrions	nous aurions mis
vous mettriez	vous auriez mis
ils mettraient	ils auraient mis

IMPÉRATIF

Présent	Passé
mets	aie mis
mettons	ayons mis
mettez	ayez mis

SUBJONCTIF

Présent	Passé	Imparfait	Plus-que-parfait
que je mette	que j'aie mis	que je misse	que j'eusse mis
que tu mettes	que tu aies mis	que tu misses	que tu eusses mis
qu'il mette	qu'il ait mis	qu'il mît	qu'il eût mis
que nous mettions	que nous ayons mis	que nous missions	que nous eussions mis
que vous mettiez	que vous ayez mis	que vous missiez	que vous eussiez mis
qu'ils mettent	qu'ils aient mis	qu'ils missent	qu'ils eussent mis

INFINITIF / PARTICIPE / GÉRONDIF

INFINITIF		PARTICIPE		GÉRONDIF	
Présent	Passé	Présent	Passé	Présent	Passé
mettre	avoir mis	mettant	mis	en mettant	en ayant mis
			ayant mis		

Remarques et usage

▶ Attention aux terminaisons du singulier du présent de l'indicatif (**-ts, -ts, t**) et de l'impératif (**-ts**).

Je mets, tu mets, il met. [mɛ]
Mets. [mɛ]

▶ **Mettre** signifie : **Placer quelque chose dans un endroit.**

J'ai mis ton sac dans le coffre de la voiture. [mi]
Il mettait toujours ses chaussures dans le couloir. [mɛtɛ]

Porter un vêtement, un accessoire, un parfum, ...

Pour sortir, tu mettras ton imperméable et tes bottes.
Martine met trop de bijoux.
Jean-Louis met trop de parfum.

Donner une certaine quantité (au marché, dans un magasin, ...)

– *Bonjour monsieur, je voudrais des pommes, s'il vous plaît.*
– *Je vous en mets combien ?*
– *Mettez-m'en un kilo.*

▶ **Mettre la table, le couvert :** placer les assiettes, fourchettes, couteaux, etc., sur la table pour le repas.

Pendant que Viviane fait la cuisine, je vais mettre la table.
Les enfants, mettez le couvert, s'il vous plaît !
Nous mettrons des bougies sur la table.

▶ **Mettre + durée :** indique le temps passé pour faire quelque chose.

Ce matin, j'ai mis une heure pour arriver au bureau à cause des embouteillages.
Normalement, je mets seulement trente minutes.
En métro, j'aurais mis moins de temps.
Il aura mis deux ans pour faire sa thèse.

▶ **Mettre la télévision, la radio :** allumer

Mets la radio, s'il te plaît, je voudrais écouter de la musique.
Je mets la télévision, c'est l'heure des nouvelles.
Tu nous mets un CD ?

▶ **Se mettre**
S'installer

Regarde, il y a de la place. On se met à cette table ?
Mettez-vous en rang, les enfants.
Il est tard, je vais me mettre au lit.

Mettre quelque chose sur soi
Je me suis mis du rouge à lèvres.
Elle s'est mis de la crème hydratante.

▶ **Se mettre à :** débuter quelque chose

Il faut te mettre à tes révisions, le baccalauréat est dans une semaine.
Il faisait beau et, tout à coup, il s'est mis à pleuvoir.
Quand le bébé a vu sa mère partir, il s'est mis à pleurer.

▶ **S'y mettre :** se mettre à quelque chose

Nous avons peu de temps pour faire ce rapport, alors il faut s'y mettre au plus vite.
Je n'ai pas d'inspiration pour mon nouveau roman, mais pourtant je dois m'y mettre car l'éditeur l'attend.
Alors, on s'y met.

INDICATIF			
Présent	**Passé composé**	**Imparfait**	**Plus-que-parfait**
je meurs	je suis mort	je mourais	j'étais mort
tu meurs	tu es mort	tu mourais	tu étais mort
il meurt	il est mort	il mourait	il était mort
nous mourons	nous sommes morts	nous mourions	nous étions morts
vous mourez	vous êtes morts	vous mouriez	vous étiez morts
ils meurent	ils sont morts	ils mouraient	ils étaient morts
Passé simple	**Passé antérieur**	**Futur simple**	**Futur antérieur**
je mourus	je fus mort	je mourrai	je serai mort
tu mourus	tu fus mort	tu mourras	tu seras mort
il mourut	il fut mort	il mourra	il sera mort
nous mourûmes	nous fûmes morts	nous mourrons	nous serons morts
vous mourûtes	vous fûtes morts	vous mourrez	vous serez morts
ils moururent	ils furent morts	ils mourront	ils seront morts

CONDITIONNEL		IMPÉRATIF	
Présent	**Passé**	**Présent**	**Passé**
je mourrais	je serais mort	meurs	sois mort
tu mourrais	tu serais mort	mourons	soyons morts
il mourrait	il serait mort	mourez	soyez morts
nous mourrions	nous serions morts		
vous mourriez	vous seriez morts		
ils mourraient	ils seraient morts		

SUBJONCTIF			
Présent	**Passé**	**Imparfait**	**Plus-que-parfait**
que je meure	que je sois mort	que je mourusse	que je fusse mort
que tu meures	que tu sois mort	que tu mourusses	que tu fusses mort
qu'il meure	qu'il soit mort	qu'il mourût	qu'il fût mort
que nous mourions	que nous soyons morts	que nous mourussions	que nous fussions morts
que vous mouriez	que vous soyez morts	que vous mourussiez	que vous fussiez morts
qu'ils meurent	qu'ils soient morts	qu'ils mourissent	qu'ils fussent morts

INFINITIF		PARTICIPE		GÉRONDIF	
Présent	**Passé**	**Présent**	**Passé**	**Présent**	**Passé**
mourir	être mort	mourant	mort	en mourant	en étant mort
			étant mort		

Remarques et usage

▶ **Mourir** se conjugue avec l'auxiliaire **être** aux temps du passé.

*Il **est** mort en 1985.* [mɔʀ]
*Elle **est** morte en 1986.* [mɔʀt]

▶ Aux trois personnes du singulier et à la 3e personne du pluriel du présent de l'indicatif et du subjonctif ainsi qu'à la 1re personne du présent de l'impératif, attention à la conjugaison en **meu-** :
*Je **meu**rs de faim.* [mœʀ]

▶ Au futur simple et au présent du conditionnel, il y a doublement du **r** :
*Quand il mou**rr**a* [muʀʀa]*, ses enfants hériteront de sa fortune.*
*Si je n'avais pas mangé ce matin, je mou**rr**ais de faim.* [muʀʀɛ]

3e groupe

INDICATIF

Présent	Passé composé	Imparfait	Plus-que-parfait
je nais	je suis né	je naissais	j'étais né
tu nais	tu es né	tu naissais	tu étais né
il naît	il est né	il naissait	il était né
nous naissons	nous sommes nés	nous naissions	nous étions nés
vous naissez	vous êtes nés	vous naissiez	vous étiez nés
ils naissent	ils sont nés	ils naissaient	ils étaient nés
Passé simple	**Passé antérieur**	**Futur simple**	**Futur antérieur**
je naquis	je fus né	je naîtrai	je serai né
tu naquis	tu fus né	tu naîtras	tu seras né
il naquit	il fut né	il naîtra	il sera né
nous naquîmes	nous fûmes nés	nous naîtrons	nous serons nés
vous naquîtes	vous fûtes nés	vous naîtrez	vous serez nés
ils naquirent	ils furent nés	ils naîtront	ils seront nés

CONDITIONNEL / IMPÉRATIF

Présent	Passé	Présent	Passé
je naîtrais	je serais né	nais	sois né
tu naîtrais	tu serais né	naissons	soyons nés
il naîtrait	il serait né	naissez	soyez nés
nous naîtrions	nous serions nés		
vous naîtriez	vous seriez nés		
ils naîtraient	ils seraient nés		

SUBJONCTIF

Présent	Passé	Imparfait	Plus-que-parfait
que je naisse	que je sois né	que je naquisse	que je fusse né
que tu naisses	que tu sois né	que tu naquisses	que tu fusses né
qu'il naisse	qu'il soit né	qu'il naquît	qu'il fût né
que nous naissions	que nous soyons nés	que nous naquissions	que nous fussions nés
que vous naissiez	que vous soyez nés	que vous naquissiez	que vous fussiez nés
qu'ils naissent	qu'ils soient nés	qu'ils naquissent	qu'ils fussent nés

INFINITIF / PARTICIPE / GÉRONDIF

Présent	Passé	Présent	Passé	Présent	Passé
naître	être né	naissant	né étant né	en naissant	en étant né

Remarques et usage

▶ **Naître**, comme tous les verbes en **-aître**, prend un accent circonflexe lorsque le **i** précède un **t** (au présent et au futur simple de l'indicatif, au présent du conditionnel). Cet accent n'est cependant plus obligatoire.

Le bébé naîtra avant la fin du mois. (On accepte aussi : *Le bébé naitra avant la fin du mois.*)

▶ **Naître** se conjugue aux temps composés avec l'auxiliaire **être**. Le participe passé de **naître** est **né**, et il s'accorde avec le sujet.

*Mon fils est **né** le 4 décembre 1987 et ma fille est **née** le 5 décembre 1989.*
*Où est-ce qu'ils sont **nés** ? – Ils sont **nés** à Fès, au Maroc.*

▶ Le passé simple est assez fréquent à l'écrit, dans les biographies par exemple.
François Ier naquit à Cognac en 1494. [naki]

verbes en **-vrir** et **-frir**
même conjugaison pour
couvrir, découvrir, offrir, souffrir, ...

61 ouvrir

INDICATIF

Présent	Passé composé	Imparfait	Plus-que-parfait
j'ouvre	j'ai ouvert	j'ouvrais	j'avais ouvert
tu ouvres	tu as ouvert	tu ouvrais	tu avais ouvert
il ouvre	il a ouvert	il ouvrait	il avait ouvert
nous ouvrons	nous avons ouvert	nous ouvrions	nous avions ouvert
vous ouvrez	vous avez ouvert	vous ouvriez	vous aviez ouvert
ils ouvrent	ils ont ouvert	ils ouvraient	ils avaient ouvert
Passé simple	**Passé antérieur**	**Futur simple**	**Futur antérieur**
j'ouvris	j'eus ouvert	j'ouvrirai	j'aurai ouvert
tu ouvris	tu eus ouvert	tu ouvriras	tu auras ouvert
il ouvrit	il eut ouvert	il ouvrira	il aura ouvert
nous ouvrîmes	nous eûmes ouvert	nous ouvrirons	nous aurons ouvert
vous ouvrîtes	vous eûtes ouvert	vous ouvrirez	vous aurez ouvert
ils ouvrirent	ils eurent ouvert	ils ouvriront	ils auront ouvert

CONDITIONNEL

Présent	Passé
j'ouvrirais	j'aurais ouvert
tu ouvrirais	tu aurais ouvert
il ouvrirait	il aurait ouvert
nous ouvririons	nous aurions ouvert
vous ouvririez	vous auriez ouvert
ils ouvriraient	ils auraient ouvert

IMPÉRATIF

Présent	Passé
ouvre	aie ouvert
ouvrons	ayons ouvert
ouvrez	ayez ouvert

SUBJONCTIF

Présent	Passé	Imparfait	Plus-que-parfait
que j'ouvre	que j'aie ouvert	que j'ouvrisse	que j'eusse ouvert
que tu ouvres	que tu aies ouvert	que tu ouvrisses	que tu eusses ouvert
qu'il ouvre	qu'il ait ouvert	qu'il ouvrît	qu'il eût ouvert
que nous ouvrions	que nous ayons ouvert	que nous ouvrissions	que nous eussions ouvert
que vous ouvriez	que vous ayez ouvert	que vous ouvrissiez	que vous eussiez ouvert
qu'ils ouvrent	qu'ils aient ouvert	qu'ils ouvrissent	qu'ils eussent ouvert

INFINITIF

Présent	Passé
ouvrir	avoir ouvert

PARTICIPE

Présent	Passé
ouvrant	ouvert
	ayant ouvert

GÉRONDIF

Présent	Passé
en ouvrant	en ayant ouvert

Remarques et usage

▶ Les terminaisons du présent de l'indicatif, de l'impératif et du subjonctif sont identiques à celles des verbes du 1ᵉʳ groupe.

J'ouvre la fenêtre.
Il ouvre la porte.
Ouvre ton cadeau.
Ouvrez votre livre à la page 4.
Le professeur veut que vous ouvriez vos cahiers de travaux pratiques.

▶ Le participe passé est en **-ert**.
J'ai ouvert l'enveloppe.
La boutique a ouvert ce matin.
La porte est ouverte.

verbes en -**tir** -2-
(avec l'auxiliaire être)
même conjugaison pour
repartir, sortir*, ressortir*

partir 62

3ᵉ groupe

INDICATIF

Présent	Passé composé	Imparfait	Plus-que-parfait
je pars	je suis parti	je partais	j'étais parti
tu pars	tu es parti	tu partais	tu étais parti
il part	il est parti	il partait	il était parti
nous partons	nous sommes partis	nous partions	nous étions partis
vous partez	vous êtes partis	vous partiez	vous étiez partis
ils partent	ils sont partis	ils partaient	ils étaient partis
Passé simple	**Passé antérieur**	**Futur simple**	**Futur antérieur**
je partis	je fus parti	je partirai	je serai parti
tu partis	tu fus parti	tu partiras	tu seras parti
il partit	il fut parti	il partira	il sera parti
nous partîmes	nous fûmes partis	nous partirons	nous serons partis
vous partîtes	vous fûtes partis	vous partirez	vous serez partis
ils partirent	ils furent partis	ils partiront	ils seront partis

CONDITIONNEL / IMPÉRATIF

Présent	Passé	Présent	Passé
je partirais	je serais parti	pars	sois parti
tu partirais	tu serais parti	partons	soyons partis
il partirait	il serait parti	partez	soyez partis
nous partirions	nous serions partis		
vous partiriez	vous seriez partis		
ils partiraient	ils seraient partis		

SUBJONCTIF

Présent	Passé	Imparfait	Plus-que-parfait
que je parte	que je sois parti	que je partisse	que je fusse parti
que tu partes	que tu sois parti	que tu partisses	que tu fusses parti
qu'il parte	qu'il soit parti	qu'il partît	qu'il fût parti
que nous partions	que nous soyons partis	que nous partissions	que nous fussions partis
que vous partiez	que vous soyez partis	que vous partissiez	que vous fussiez partis
qu'ils partent	qu'ils soient partis	qu'ils partissent	qu'ils fussent partis

INFINITIF / PARTICIPE / GÉRONDIF

Présent	Passé	Présent	Passé	Présent	Passé
partir	être parti	partant	parti	en partant	en étant parti
			étant parti		

Remarques et usage

▶ **Partir** se conjugue avec l'auxiliaire **être** aux temps composés.

Le train est parti à neuf heures.

▶ **Partir à** + lieu

Joseph est parti à la boulangerie.
Nous partons au cinéma.

▶ **Partir à** + ville ; **partir en/au** + pays

Il est parti à Berlin. Il est parti en Allemagne (féminin). *Il est parti au Danemark* (masculin).

▶ **Partir pour** + **ville** ou **pays** (même sens que à et en/au)

Elle part pour Vienne. Je pars pour le Mexique.

▶ **Partir de :** indique le point de départ

Nous sommes partis de Paris à 16 heures.

▶ * **Sortir** et **ressortir** se conjuguent avec **être** (sans COD) et **avoir** (avec COD).

Il est sorti hier soir. Il a sorti le chien.
(chien = COD).

63 plaire

INDICATIF

Présent	Passé composé	Imparfait	Plus-que-parfait
je plais	j'ai plu	je plaisais	j'avais plu
tu plais	tu as plu	tu plaisais	tu avais plu
il plaît	il a plu	il plaisait	il avait plu
nous plaisons	nous avons plu	nous plaisions	nous avions plu
vous plaisez	vous avez plu	vous plaisiez	vous aviez plu
ils plaisent	ils ont plu	ils plaisaient	ils avaient plu
Passé simple	**Passé antérieur**	**Futur simple**	**Futur antérieur**
je plus	j'eus plu	je plairai	j'aurai plu
tu plus	tu eus plu	tu plairas	tu auras plu
il plut	il eut plu	il plaira	il aura plu
nous plûmes	nous eûmes plu	nous plairons	nous aurons plu
vous plûtes	vous eûtes plu	vous plairez	vous aurez plu
ils plurent	ils eurent plu	ils plairont	ils auront plu

CONDITIONNEL

Présent	Passé
je plairais	j'aurais plu
tu plairais	tu aurais plu
il plairait	il aurait plu
nous plairions	nous aurions plu
vous plairiez	vous auriez plu
ils plairaient	ils auraient plu

IMPÉRATIF

Présent	Passé
plais	aie plu
plaisons	ayons plu
plaisez	ayez plu

SUBJONCTIF

Présent	Passé	Imparfait	Plus-que-parfait
que je plaise	que j'aie plu	que je plusse	que j'eusse plu
que tu plaises	que tu aies plu	que tu plusses	que tu eusses plu
qu'il plaise	qu'il ait plu	qu'il plût	qu'il eût plu
que nous plaisions	que nous ayons plu	que nous plussions	que nous eussions plu
que vous plaisiez	que vous ayez plu	que vous plussiez	que vous eussiez plu
qu'ils plaisent	qu'ils aient plu	qu'ils plussent	qu'ils eussent plu

INFINITIF · PARTICIPE · GÉRONDIF

Présent	Passé	Présent	Passé	Présent	Passé
plaire	avoir plu	plaisant	plu	en plaisant	en ayant plu
			ayant plu		

Remarques et usage

▶ **Plaire** prend un accent circonflexe sur le **i** à la 3e personne du singulier :
Ce garçon me plaît. [plɛ]

▶ Cet accent n'est plus obligatoire. On accepte aussi : *Ce garçon me plait.* [plɛ]

▶ Le participe passé est **plu**, et il est invariable.

▶ **Plaire** s'utilise généralement avec un complément d'objet indirect.

Les cadeaux ont beaucoup plu aux enfants.
Je suis sûr que ma surprise va te plaire.
Cela vous plairait-il de venir avec nous à Besançon ?

▶ **Se plaire** : se trouver bien quelque part
Est-ce que vous vous plaisez à Paris ? – Oui, je m'y plais beaucoup.

▶ On retrouve **plaît** dans les expressions :
S'il te plaît et **S'il vous plaît.**

pleuvoir 64

INDICATIF

Présent	Passé composé	Imparfait	Plus-que-parfait
–	–	–	–
–	–	–	–
il **pleut**	il a **plu**	il **pleuvait**	il avait **plu**
–	–	–	–
–	–	–	–
Passé simple	**Passé antérieur**	**Futur simple**	**Futur antérieur**
–	–	–	–
–	–	–	–
il **plut**	il eut **plu**	il **pleuvra**	il aura **plu**
–	–	–	–
ils **plurent**	ils eurent **plu**	ils **pleuvront**	ils auront **plu**

CONDITIONNEL / IMPÉRATIF

Présent	Passé	Présent	Passé
–	–	–	–
–	–	–	–
il **pleuvrait**	il aurait **plu**	–	–
–	–		
–	–		

SUBJONCTIF

Présent	Passé	Imparfait	Plus-que-parfait
–	–	–	–
–	–	–	–
qu'il **pleuve**	qu'il ait **plu**	qu'il **plût**	qu'il eût **plu**
–	–	–	–
–	–	–	–
–	–	–	–

INFINITIF / PARTICIPE / GÉRONDIF

Présent	Passé	Présent	Passé	Présent	Passé
pleuvoir	avoir **plu**	**pleuvant**	**plu** ayant **plu**	–	–

Remarques et usage

▶ **Pleuvoir** est un verbe impersonnel : il n'existe qu'à la 3e personne du singulier, dans le sens climatique du verbe.

▶ **Pleuvoir** est aussi un verbe défectif : l'impératif et le gérondif n'existent pas.

Il pleut des cordes (abondamment). [plø]
Le ciel est gris, il va bientôt pleuvoir. [pløvwaʀ]
Il a plu ce matin mais maintenant, il fait beau. [ply]

▶ Dans le sens figuré, **pleuvoir** existe aussi à la 3e personne du pluriel et signifie « tomber en grande quantité ».

Les critiques pleuvent. [plœv]
Les compliments pleuvaient. [pløvɛ]

135

INDICATIF

Présent	Passé composé	Imparfait	Plus-que-parfait
je **peux**	j'ai **pu**	je **pouvais**	j'avais **pu**
tu **peux**	tu as **pu**	tu **pouvais**	tu avais **pu**
il **peut**	il a **pu**	il **pouvait**	il avait **pu**
nous **pouvons**	nous avons **pu**	nous **pouvions**	nous avions **pu**
vous **pouvez**	vous avez **pu**	vous **pouviez**	vous aviez **pu**
ils **peuvent**	ils ont **pu**	ils **pouvaient**	ils avaient **pu**
Passé simple	Passé antérieur	Futur simple	Futur antérieur
je **pus**	j'eus **pu**	je **pourrai**	j'aurai **pu**
tu **pus**	tu eus **pu**	tu **pourras**	tu auras **pu**
il **put**	il eut **pu**	il **pourra**	il aura **pu**
nous **pûmes**	nous eûmes **pu**	nous **pourrons**	nous aurons **pu**
vous **pûtes**	vous eûtes **pu**	vous **pourrez**	vous aurez **pu**
ils **purent**	ils eurent **pu**	ils **pourront**	ils auront **pu**

CONDITIONNEL / IMPÉRATIF

Présent	Passé	Présent	Passé
je **pourrais**	j'aurais **pu**	–	–
tu **pourrais**	tu aurais **pu**	–	–
il **pourrait**	il aurait **pu**	–	–
nous **pourrions**	nous aurions **pu**		
vous **pourriez**	vous auriez **pu**		
ils **pourraient**	ils auraient **pu**		

SUBJONCTIF

Présent	Passé	Imparfait	Plus-que-parfait
que je **puisse**	que j'aie **pu**	que je **pusse**	que j'eusse **pu**
que tu **puisses**	que tu aies **pu**	que tu **pusses**	que tu eusses **pu**
qu'il **puisse**	qu'il ait **pu**	qu'il **pût**	qu'il eût **pu**
que nous **puissions**	que nous ayons **pu**	que nous **pussions**	que nous eussions **pu**
que vous **puissiez**	que vous ayez **pu**	que vous **pussiez**	que vous eussiez **pu**
qu'ils **puissent**	qu'ils aient **pu**	qu'ils **pussent**	qu'ils eussent **pu**

INFINITIF / PARTICIPE / GÉRONDIF

Présent	Passé	Présent	Passé	Présent	Passé
pouvoir	avoir **pu**	**pouvant**	pu	en **pouvant**	en ayant **pu**
			ayant **pu**		

Remarques et usage

▶ **Pouvoir** est un verbe défectif car certaines conjugaisons n'existent pas. Il n'a pas d'impératif.

▶ À la 1ʳᵉ personne du présent de l'indicatif et à la forme interrogative, on ne dit pas **Peux-je...** mais **Puis-je...** [pɥiʒ].
Puis-je prendre cette chaise ?

▶ Le participe passé **pu** est invariable (ni féminin ni pluriel).
Il a fait tous les efforts qu'il a pu. (sous-entendu « qu'il a pu faire »)

▶ Au futur simple et au conditionnel présent, le verbe prend deux **r** mais on en prononce seulement un.
Tu pourras bientôt te reposer. [puʀa].
Pourriez-vous m'aider ? [puʀje].

pouvoir 65

3e groupe

▶ **Pouvoir** peut être suivi d'un infinitif et changer de sens.

Pouvoir + infinitif :
– avoir la capacité de
Je peux écouter de la musique et étudier en même temps.
Est-ce que tu peux répéter très vite « Je vais chez ce cher Serge » ? – Non, je ne peux pas.

– réussir à
Je ne peux pas ouvrir la porte, elle est bloquée.
Crois-tu que tu pourras réparer ma voiture ?

– avoir le droit de
Quand j'aurai dix-huit ans, je pourrai voter.
Les enfants, vous pouvez sortir.
Vous ne pouvez pas vous garer ici.
On peut jouer au ballon ?
Je ne peux pas aller au cinéma, je suis puni ce week-end.

– la possibilité
Est-ce que je peux payer avec cette carte de crédit ?
Si vous êtes libre tout l'après-midi, vous pouvez visiter le Louvre.
Pouvez-vous me déposer chez moi ?

– risquer de
Ne touche pas le four, tu peux te brûler.
Si on ne met pas sa ceinture de sécurité, on peut avoir une forte amende.
Prends ton manteau, tu pourrais avoir froid.

▶ **Ne rien y pouvoir :** ne pouvoir rien faire
Vous n'avez déjà plus de places pour le spectacle ? – Je suis désolé, monsieur, je n'y peux rien.

▶ **Ne plus en pouvoir :** être très fatigué ou très énervé
Je viens de courir dix kilomètres, je n'en peux plus.
Mon directeur est vraiment horrible, il critique sans cesse mon travail, je n'en peux plus.

▶ **Pouvoir** peut être utilisé comme un verbe impersonnel : il ne s'utilise alors qu'avec le sujet impersonnel « il » avec le sens de « **Il est possible que ; il arrive que** ».
Prends un pull, il peut faire frais le soir en été.
Il pourrait y avoir de l'orage ce soir.
(le conditionnel renforce l'incertitude)

▶ **Se pouvoir :** verbe impersonnel qui a le sens de « **être possible** ».
Il se peut / Il se pourrait qu'il fasse froid ce soir.
(suivi du subjonctif)
Est-ce qu'il neige ici en août ? – Non, cela ne se peut pas.
Tu pars ce week-end ? – Ça se peut / Ça se pourrait. (familier)

⚠ Le participe présent est **pouvant**, et l'adjectif verbal, **puissant**.
Ne pouvant pas prendre de vacances cette année, j'irai en Italie l'année prochaine.
Pierre a une voiture puissante.

prendre

même conjugaison pour
apprendre, comprendre, entreprendre, surprendre, ...

INDICATIF

Présent	Passé composé	Imparfait	Plus-que-parfait
je prends	j'ai pris	je prenais	tu avais pris
tu prends	tu as pris	tu prenais	il avait pris
il prend	il a pris	il prenait	nous avions pris
nous prenons	nous avons pris	nous prenions	vous aviez pris
vous prenez	vous avez pris	vous preniez	ils avaient pris
ils prennent	ils ont pris	ils prenaient	
Passé simple	**Passé antérieur**	**Futur simple**	**Futur antérieur**
je pris	j'eus pris	je prendrai	j'aurai pris
tu pris	tu eus pris	tu prendras	tu auras pris
il prit	il eut pris	il prendra	il aura pris
nous prîmes	nous eûmes pris	nous prendrons	nous aurons pris
vous prîtes	vous eûtes pris	vous prendrez	vous aurez pris
ils prirent	ils eurent pris	ils prendront	ils auront pris

CONDITIONNEL / IMPÉRATIF

Présent	Passé	Présent	Passé
je prendrais	j'aurais pris	prends	aie pris
tu prendrais	tu aurais pris	prenons	ayons pris
il prendrait	il aurait pris	prenez	ayez pris
nous prendrions	nous aurions pris		
vous prendriez	vous auriez pris		
ils prendraient	ils auraient pris		

SUBJONCTIF

Présent	Passé	Imparfait	Plus-que-parfait
que je prenne	que j'aie pris	que je prisse	que j'eusse pris
que tu prennes	que tu aies pris	que tu prisses	que tu eusses pris
qu'il prenne	qu'il ait pris	qu'il prît	qu'il eût pris
que nous prenions	que nous ayons pris	que nous prissions	que nous eussions pris
que vous preniez	que vous ayez pris	que vous prissiez	que vous eussiez pris
qu'ils prennent	qu'ils aient pris	qu'ils prissent	qu'ils eussent pris

INFINITIF / PARTICIPE / GÉRONDIF

Présent	Passé	Présent	Passé	Présent	Passé
prendre	avoir pris	prenant	pris / ayant pris	en prenant	en ayant pris

Remarques et usage

▸ **Prendre** et ses dérivés (**apprendre, comprendre**, ...) sont des exceptions aux verbes en -**dre**.

▸ Attention au doublement du **n** devant un **e** muet.
Ils prennent l'autobus. [pʀɛn]
Il faut que tu prennes des vacances. [pʀɛn]

▸ Attention à la prononciation avec un ou deux **n**.
Nous prenons le thé à cinq heures. [pʀənɔ̃]
Ils ne prennent pas de dessert. [pʀɛn]

▸ Le participe passé de **prendre** est **pris**.
Nous avons pris le train. [pʀi]

▸ **Prendre quelque chose :** mettre dans sa main
Prends un bonbon.
Prenez cette assiette.
J'ai pris un stylo dans ton sac.

▶ **Prendre quelque chose à quelqu'un**

Sa mère lui a pris le jouet qu'il avait dans les mains.
Quelqu'un m'a pris mon porte-monnaie. (voler)
Nous vous avons pris une chaise.

▶ **Prendre un moyen de transport**

Vous prendrez l'avion pour aller à Genève.
Nous prenons le train.

▶ **Prendre** : commander quelque chose à manger ou à boire

Je vais prendre une salade complète, s'il vous plaît.
Qu'est-ce que vous prendrez comme dessert ?
– Je prendrais bien une mousse au chocolat.

▶ **Prendre** : pour indiquer la durée d'une action

Cela prend combien de temps pour aller à Marseille en TGV ?
– Hier, ça nous a pris un peu plus de trois heures, mais normalement ça prend trois heures.
Combien de temps cela prendra-t-il ?

▶ **Prendre quelqu'un pour** : considérer quelqu'un comme

Vous me prenez pour un imbécile ?
Il me prend pour sa femme de ménage.
Ils nous prenaient pour des enfants.

▶ **Se prendre pour** : se considérer
(souvent ironique)

Il se prend pour un grand scientifique.
Il se prend pour le centre du monde.
Elle se prend pour qui ?

▶ **Se prendre** : être mangé ou bu

Le fromage se prend généralement avant le dessert.
Le pastis, ça se prend avec de l'eau.

▶ **S'y prendre** : savoir comment faire

Je voudrais bien garder ton chien, mais je ne sais pas m'y prendre avec les animaux.
Elle sait s'y prendre avec les enfants.

▶ **Expressions**

Prendre une décision
J'ai pris la décision de quitter la France.

Prendre la parole (commencer à parler)
C'est maintenant monsieur Granger qui va prendre la parole.

Prendre du poids : grossir
(contraire : perdre du poids)
Depuis qu'il vit en France, il a pris du poids.

Prendre froid : tomber malade à cause du froid
Mets ton manteau sinon tu vas prendre froid.

Prendre feu : commencer à brûler
La maison a pris feu dans la nuit.
Le feu a pris dans la forêt.

verbes en -**cevoir**
même conjugaison pour
apercevoir, concevoir, décevoir *et* percevoir

67 recevoir

INDICATIF

Présent	Passé composé	Imparfait	Plus-que-parfait
je reçois	j'ai reçu	je recevais	j'avais reçu
tu reçois	tu as reçu	tu recevais	tu avais reçu
il reçoit	il a reçu	il recevait	il avait reçu
nous recevons	nous avons reçu	nous recevions	nous avions reçu
vous recevez	vous avez reçu	vous receviez	vous aviez reçu
ils reçoivent	ils ont reçu	ils recevaient	ils avaient reçu
Passé simple	**Passé antérieur**	**Futur simple**	**Futur antérieur**
je reçus	j'eus reçu	je recevrai	j'aurai reçu
tu reçus	tu eus reçu	tu recevras	tu auras reçu
il reçut	il eut reçu	il recevra	il aura reçu
nous reçûmes	nous eûmes reçu	nous recevrons	nous aurons reçu
vous reçûtes	vous eûtes reçu	vous recevrez	vous aurez reçu
ils reçurent	ils eurent reçu	ils recevront	ils auront reçu

CONDITIONNEL

Présent	Passé
je recevrais	j'aurais reçu
tu recevrais	tu aurais reçu
il recevrait	il aurait reçu
nous recevrions	nous aurions reçu
vous recevriez	vous auriez reçu
ils recevraient	ils auraient reçu

IMPÉRATIF

Présent	Passé
reçois	aie reçu
recevons	ayons reçu
recevez	ayez reçu

SUBJONCTIF

Présent	Passé	Imparfait	Plus-que-parfait
que je reçoive	que j'aie reçu	que je reçusse	que j'eusse reçu
que tu reçoives	que tu aies reçu	que tu reçusses	que tu eusses reçu
qu'il reçoive	qu'il ait reçu	qu'il reçût	qu'il eût reçu
que nous recevions	que nous ayons reçu	que nous reçussions	que nous eussions reçu
que vous receviez	que vous ayez reçu	que vous reçussiez	que vous eussiez reçu
qu'ils reçoivent	qu'ils aient reçu	qu'ils reçussent	qu'ils eussent reçu

INFINITIF / PARTICIPE / GÉRONDIF

Présent	Passé	Présent	Passé	Présent	Passé
recevoir	avoir reçu	recevant	reçu	en recevant	en ayant reçu
			ayant reçu		

Remarques et usage

▸ Devant **o** et **u**, **c** prend une cédille : **ç**.

▸ **Recevoir** : par envoi

Je reçois souvent des cartes postales de mes amis allemands. [Rəswa].
Nous avons bien reçu votre lettre dont nous vous remercions. [Rəsy].
Nous recevons de moins en moins de lettres et de plus en plus de messages électroniques. [Rəsəvɔ̃].

▸ **Recevoir** : être atteint par quelque chose

Il a reçu (= il a eu) un choc quand il a appris la nouvelle.
Le joueur de football a reçu un coup de pied à la jambe.

▸ **Recevoir** : accueillir chez soi

Ce soir, ils reçoivent des invités pour le dîner. [Rəswav].

verbes en -oindre

même conjugaison pour
adjoindre, disjoindre, joindre, ...

3ᵉ groupe

INDICATIF

Présent	Passé composé	Imparfait	Plus-que-parfait
je rejoins	j'ai rejoint	je rejoignais	j'avais rejoint
tu rejoins	tu as rejoint	tu rejoignais	tu avais rejoint
il rejoint	il a rejoint	il rejoignait	il avait rejoint
nous rejoignons	nous avons rejoint	nous rejoignions	nous avions rejoint
vous rejoignez	vous avez rejoint	vous rejoigniez	vous aviez rejoint
ils rejoignent	ils ont rejoint	ils rejoignaient	ils avaient rejoint
Passé simple	**Passé antérieur**	**Futur simple**	**Futur antérieur**
je rejoignis	j'eus rejoint	je rejoindrai	j'aurai rejoint
tu rejoignis	tu eus rejoint	tu rejoindras	tu auras rejoint
il rejoignit	il eut rejoint	il rejoindra	il aura rejoint
nous rejoignîmes	nous eûmes rejoint	nous rejoindrons	nous aurons rejoint
vous rejoignîtes	vous eûtes rejoint	vous rejoindrez	vous aurez rejoint
ils rejoignirent	ils eurent rejoint	ils rejoindront	ils auront rejoint

CONDITIONNEL

Présent	Passé
je rejoindrais	j'aurais rejoint
tu rejoindrais	tu aurais rejoint
il rejoindrait	il aurait rejoint
nous rejoindrions	nous aurions rejoint
vous rejoindriez	vous auriez rejoint
ils rejoindraient	ils auraient rejoint

IMPÉRATIF

Présent	Passé
rejoins	aie rejoint
rejoignons	ayons rejoint
rejoignez	ayez rejoint

SUBJONCTIF

Présent	Passé	Imparfait	Plus-que-parfait
que je rejoigne	que j'aie rejoint	que je rejoignisse	que j'eusse rejoint
que tu rejoignes	que tu aies rejoint	que tu rejoignisses	que tu eusses rejoint
qu'il rejoigne	qu'il ait rejoint	qu'il rejoignît	qu'il eût rejoint
que nous rejoignions	que nous ayons rejoint	que nous rejoignissions	que nous eussions rejoint
que vous rejoigniez	que vous ayez rejoint	que vous rejoignissiez	que vous eussiez rejoint
qu'ils rejoignent	qu'ils aient rejoint	qu'ils rejoignissent	qu'ils eussent rejoint

INFINITIF / PARTICIPE / GÉRONDIF

Présent	Passé	Présent	Passé	Présent	Passé
rejoindre	avoir rejoint	rejoignant	rejoint	en rejoignant	en ayant rejoint
			ayant rejoint		

Remarques et usage

▶ Le **d** disparaît à tous les temps, sauf au futur simple et au présent du conditionnel.

Je vous rejoindrai après le dîner. [ʀəʒwɛ̃dʀe]
S'il avait le temps, il nous rejoindrait volontiers. [ʀəʒwɛ̃dʀɛ]

▶ Attention aux formes en **gn** à certaines personnes et à certains temps.

Vous nous rejoignez à la maison ? [ʀəʒwaɲe]

Nous rejoignions nos amis tous les étés dans le même camping. [ʀəʒwaɲjɔ̃]
Mes parents nous rejoignent dans un petit moment. [ʀəʒwaɲ]

▶ Le participe passé est en **-oint**.

Il a rejoint sa femme. [ʀəʒwɛ̃]

⚠ Les verbes en **-aindre** et en **-eindre** suivent cette conjugaison (cf. pages 109 et 118).

résoudre

verbes en -**soudre**
même conjugaison pour
absoudre* *et* dissoudre*

INDICATIF

Présent	Passé composé	Imparfait	Plus-que-parfait
je résous	j'ai résolu	je résolvais	j'avais résolu
tu résous	tu as résolu	tu résolvais	tu avais résolu
il résout	il a résolu	il résolvait	il avait résolu
nous résolvons	nous avons résolu	nous résolvions	nous avions résolu
vous résolvez	vous avez résolu	vous résolviez	vous aviez résolu
ils résolvent	ils ont résolu	ils résolvaient	ils avaient résolu
Passé simple	**Passé antérieur**	**Futur simple**	**Futur antérieur**
je résolus	j'eus résolu	je résoudrai	j'aurai résolu
tu résolus	tu eus résolu	tu résoudras	tu auras résolu
il résolut	il eut résolu	il résoudra	il aura résolu
nous résolûmes	nous eûmes résolu	nous résoudrons	nous aurons résolu
vous résolûtes	vous eûtes résolu	vous résoudrez	vous aurez résolu
ils résolurent	ils eurent résolu	ils résoudront	ils auront résolu

CONDITIONNEL / IMPÉRATIF

Présent	Passé	Présent	Passé
je résoudrais	j'aurais résolu	résous	aie résolu
tu résoudrais	tu aurais résolu	résolvons	ayons résolu
il résoudrait	il aurait résolu	résolvez	ayez résolu
nous résoudrions	nous aurions résolu		
vous résoudriez	vous auriez résolu		
ils résoudraient	ils auraient résolu		

SUBJONCTIF

Présent	Passé	Imparfait	Plus-que-parfait
que je résolve	que j'aie résolu	que je résolusse	que j'eusse résolu
que tu résolves	que tu aies résolu	que tu résolusses	que tu eusses résolu
qu'il résolve	qu'il ait résolu	qu'il résolût	qu'il eût résolu
que nous résolvions	que nous ayons résolu	que nous résolussions	que nous eussions résolu
que vous résolviez	que vous ayez résolu	que vous résolussiez	que vous eussiez résolu
qu'ils résolvent	qu'ils aient résolu	qu'ils résolussent	qu'ils eussent résolu

INFINITIF / PARTICIPE / GÉRONDIF

Présent	Passé	Présent	Passé	Présent	Passé
résoudre	avoir résolu	résolvant	résolu	en résolvant	en ayant résolu
			ayant résolu		

Remarques et usage

▶ Attention aux deux radicaux du présent de l'indicatif.
Je résous un problème. [ʀezu] (disparition du **d**)
Nous résolvons des problèmes. [ʀezɔlvõ]

▶ Le participe passé est **résolu**.
*Il a **résolu** cette équation seul.* [ʀezɔly]
*Les équations que nous avons **résolues** étaient difficiles.* [ʀezɔly]

▶ **Sé résoudre à** : se décider
Elle s'est résolue à quitter son travail.

▶ * **Résoudre** ont la même conjugaison, mais ils n'ont pas de passé simple ni d'imparfait du subjonctif. Leur participe passé est *absous, absoute* et *dissous, dissoute*.

INDICATIF

Présent	Passé composé	Imparfait	Plus-que-parfait
je ris	j'ai ri	je riais	j'avais ri
tu ris	tu as ri	tu riais	tu avais ri
il rit	il a ri	il riait	il avait ri
nous rions	nous avons ri	nous riions	nous avions ri
vous riez	vous avez ri	vous riiez	vous aviez ri
ils rient	ils ont ri	ils riaient	ils avaient ri
Passé simple	**Passé antérieur**	**Futur simple**	**Futur antérieur**
je ris	j'eus ri	je rirai	j'aurai ri
tu ris	tu eus ri	tu riras	tu auras ri
il rit	il eut ri	il rira	il aura ri
nous rîmes	nous eûmes ri	nous rirons	nous aurons ri
vous rîtes	vous eûtes ri	vous rirez	vous aurez ri
ils rirent	ils eurent ri	ils riront	ils auront ri

CONDITIONNEL / IMPÉRATIF

Présent	Passé	Présent	Passé
je rirais	j'aurais ri	ris	aie ri
tu rirais	tu aurais ri	rions	ayons ri
il rirait	il aurait ri	riez	ayez ri
nous ririons	nous aurions ri		
vous ririez	vous auriez ri		
ils riraient	ils auraient ri		

SUBJONCTIF

Présent	Passé	Imparfait	Plus-que-parfait
que je rie	que j'aie ri	que je risse	que j'eusse ri
que tu ries	que tu aies ri	que tu risses	que tu eusses ri
qu'il rie	qu'il ait ri	qu'il rît	qu'il eût ri
que nous riions	que nous ayons ri	que nous rissions	que nous eussions ri
que vous riiez	que vous ayez ri	que vous rissiez	que vous eussiez ri
qu'ils rient	qu'ils aient ri	qu'ils rissent	qu'ils eussent ri

INFINITIF / PARTICIPE / GÉRONDIF

Présent	Passé	Présent	Passé	Présent	Passé
rire	avoir ri	riant	ri ayant ri	en riant	en ayant ri

Remarques et usage

▶ Les trois personnes du singulier du présent et du passé simple de l'indicatif sont identiques.
Je ris, tu ris, il rit. [ʀi]

▶ Les 1re et 2e personnes du pluriel de l'imparfait de l'indicatif et du présent du subjonctif prennent deux **i**.
Nous riions beaucoup quand nous étions enfants. [ʀijjɔ̃]
Quand il racontera sa blague, il faudra que vous riiez. [ʀijje]

▶ **Éclater de rire** : commencer à rire bruyamment
Nous avons éclaté de rire en voyant sa nouvelle coiffure.

▶ **Pour rire** : dire quelque chose de faux pour plaisanter
Vraiment, vous allez vous marier ? – Mais non, je vous ai dit ça pour rire !

▶ **Rire jaune** : rire quand on n'a pas du tout envie de rire
Quand il a su qu'il devait aller à l'école le samedi matin, il a ri jaune.

71 s'asseoir

même conjugaison pour
se rasseoir

INDICATIF

Présent	Passé composé	Imparfait	Plus-que-parfait
je m'assieds/m'assois	je me suis assis	je m'asseyais/m'assoyais	je m'étais assis
tu t'assieds/t'assois	tu t'es assis	tu t'asseyais/t'assoyais	tu t'étais assis
il s'assied/s'assoit	il s'est assis	il s'asseyait/s'assoyait	il s'était assis
nous nous asseyons	nous nous sommes assis	nous nous asseyions	nous nous étions assis
/nous assoyons	vous vous êtes assis	/nous assoyions	vous vous étiez assis
vous vous asseyez	ils se sont assis	vous vous asseyiez	ils s'étaient assis
/vous assoyez		/vous assoyiez	
ils s'asseyent/s'assoient		ils s'asseyaient/s'assoyaient	

Passé simple	Passé antérieur	Futur simple	Futur antérieur
je m'assis	je me fus assis	je m'assiérai/m'assoirai	je me serai assis
tu t'assis	tu te fus assis	tu t'assiéras/t'assoiras	tu te seras assis
il s'assit	il se fut assis	il s'assiéra/s'assoira	il se sera assis
nous nous assîmes	nous nous fûmes assis	nous nous assiérons	nous nous serons assis
vous vous assîtes	vous vous fûtes assis	/nous assoirons	vous vous serez assis
ils s'assirent	ils se furent assis	vous vous assiérez	ils se seront assis
		/vous assoirez	
		ils s'assiéront/s'assoiront	

CONDITIONNEL

Présent	Passé
je m'assiérais/m'assoirais	je me serais assis
tu t'assiérais/t'assoirais	tu te serais assis
il s'assiérait/s'assoirait	il se serait assis
nous nous assiérions	nous nous serions assis
/nous assoirions	vous vous seriez assis
vous vous assiériez	ils se seraient assis
/vous assoiriez	
ils s'assiéraient/s'assoiraient	

IMPÉRATIF

Présent	Passé
assieds-toi/assois-toi	–
asseyons-nous	–
/assoyons-nous	–
asseyez-vous/assoyez-vous	

SUBJONCTIF

Présent	Passé	Imparfait	Plus-que-parfait
que je m'asseye/m'assoie	que je me sois assis	que je m'assisse	que je me fusse assis
que tu t'asseyes/t'assoies	que tu te sois assis	que tu t'assisses	que tu te fusses assis
qu'il s'asseye/s'assoie	qu'il se soit assis	qu'il s'assît	qu'il se fût assis
que nous nous asseyions	que nous nous soyons assis	que nous nous assissions	que nous nous fussions assis
/nous assoyions	que vous vous soyez assis	que vous vous assissiez	que vous vous fussiez assis
que vous vous asseyiez	qu'ils se soient assis	qu'ils s'assissent	qu'ils se fussent assis
/vous assoyiez			
qu'ils s'asseyent/s'assoient			

INFINITIF

Présent	Passé
s'asseoir	s'être assis

PARTICIPE

Présent	Passé
s'asseyant	assis
/s'assoyant	s'étant assis

GÉRONDIF

Présent	Passé
en s'asseyant/	en s'étant assis
en s'assoyant	

Remarques et usage

▶ Ce verbe existe surtout dans sa forme pronominale. **Asseoir** est moins fréquent.

Est-ce que je peux m'asseoir ici ?
Je suis entré et je me suis assis.
Stella s'est assise à côté de lui.
Deux personnes sont arrivées et se sont assises en face de nous.
Après s'être assis, il a pris la parole.
Pour le dîner, je vais asseoir Sophie à côté de Jean.

▶ À certains temps, deux conjugaisons sont acceptées : **oi** et **oy** peuvent être remplacés par **ei** et **ey**. Mais les formes **ei** et **ey** sont préférables.

▶ Au présent et au futur simple de l'indicatif :
Je m'assieds [masje]/*Je m'assois* [maswa]
Nous nous asseyons [nuzasejɔ̃]/*Nous nous assoyons* [aswajɔ̃])
En voiture, je m'assieds toujours à l'avant.
Les enfants s'asseyent à l'arrière.
Tu t'assiéras [tasjeʀa]/*Tu t'assoiras* [taswaʀa]
Pendant la messe, vous vous assiérez à côte de lui.

▶ Au présent du conditionnel :
Il s'assiérait [sasjeʀɛ]/*Il s'assoirait* [saswaʀɛ]
Est-ce que vous vous assieriez à côté de lui ?

▶ Au présent de l'impératif :
Assieds-toi sur cette chaise [asje]/*Assois-toi sur cette chaise* [aswa]
Asseyez-vous dans ce fauteuil [aseje]/*Assoyez-vous dans ce fauteuil* [aswaje]

▶ Au présent du subjonctif :
Je préfère que tu t'asseyes ici [tasɛj]/*Je préfère que tu t'assoies ici* [taswa]
Je préfère que vous vous asseyiez ici [vuzasejje]/*Je préfère que vous vous assoyiez ici* [vuzaswajie]

▶ Au participe présent et au gérondif :
Je l'ai vu s'asseyant sur la table [sasejɑ̃]/*Je l'ai vu s'assoyant sur la table* [saswajɑ̃].
Je me suis sali en m'asseyant par terre [masejɑ̃]/*Je me suis sali en m'assoyant par terre* [maswajɑ̃]

▶ Il n'existe pas de passé de l'impératif.

▶ **Se rasseoir :** s'asseoir à nouveau
Le président s'est levé, a salué l'assemblée puis s'est rassis.
Nous nous sommes rassis.
Vous pouvez vous rasseoir.

72 savoir

3e groupe

INDICATIF

Présent	Passé composé	Imparfait	Plus-que-parfait
je **sais**	j'ai **su**	je **savais**	j'avais **su**
tu **sais**	tu as **su**	tu **savais**	tu avais **su**
il **sait**	il a **su**	il **savait**	il avait **su**
nous **savons**	nous avons **su**	nous **savions**	nous avions **su**
vous **savez**	vous avez **su**	vous **saviez**	vous aviez **su**
ils **savent**	ils ont **su**	ils **savaient**	ils avaient **su**
Passé simple	**Passé antérieur**	**Futur simple**	**Futur antérieur**
je **sus**	j'eus **su**	je **saurai**	j'aurai **su**
tu **sus**	tu eus **su**	tu **sauras**	tu auras **su**
il **sut**	il eut **su**	il **saura**	il aura **su**
nous **sûmes**	nous eûmes **su**	nous **saurons**	nous aurons **su**
vous **sûtes**	vous eûtes **su**	vous **saurez**	vous aurez **su**
ils **surent**	ils eurent **su**	ils **sauront**	ils auront **su**

CONDITIONNEL

Présent	Passé
je **saurais**	j'aurais **su**
tu **saurais**	tu aurais **su**
il **saurait**	il aurait **su**
nous **saurions**	nous aurions **su**
vous **sauriez**	vous auriez **su**
ils **sauraient**	ils auraient **su**

IMPÉRATIF

Présent	Passé
sache	aie **su**
sachons	ayons **su**
sachez	ayez **su**

SUBJONCTIF

Présent	Passé	Imparfait	Plus-que-parfait
que je **sache**	que j'aie **su**	que je **susse**	que j'eusse **su**
que tu **saches**	que tu aies **su**	que tu **susses**	que tu eusses **su**
qu'il **sache**	qu'il ait **su**	qu'il **sût**	qu'il eût **su**
que nous **sachions**	que nous ayons **su**	que nous **sussions**	que nous eussions **su**
que vous **sachiez**	que vous ayez **su**	que vous **sussiez**	que vous eussiez **su**
qu'ils **sachent**	qu'ils aient **su**	qu'ils **sussent**	qu'ils eussent **su**

INFINITIF / PARTICIPE / GÉRONDIF

Présent	Passé	Présent	Passé	Présent	Passé
savoir	avoir **su**	**sachant**	**su**	en **sachant**	en ayant **su**
			ayant **su**		

Remarques et usage

▶ **Savoir** a plusieurs radicaux.
Les trois personnes du singulier du présent de l'indicatif ont la même prononciation.

Je sais, tu sais, il sait. [sɛ]
Je ne sais pas conjuguer les verbes au subjonctif.
Où est Éric ? – Je n'en sais rien. [sɛ]

Savez-vous à quelle heure commence le film ?
[save]
C'est bon à savoir.

Tu ne savais pas que j'étais là ? [savɛ]
Quand avez-vous su la nouvelle ? [sy]

Demain, je saurai si j'ai réussi mon examen. [sɔʀe]

Sachez que la bibliothèque sera fermée cet après-midi. [saʃe]

Il faut que vous sachiez votre leçon pour demain.
[saʃje]

Que fait-il ici ? Il n'était pas invité, que je sache.
[saʃ]

146

savoir 72

3ᵉ groupe

► **Savoir** peut être suivi d'un infinitif et changer de sens.
Il est fréquent de confondre **savoir** avec le verbe **connaître**.

► **Savoir** s'utilise dans les circonstances suivantes :
• **avec une proposition subordonnée ou un pronom**
Tu sais que je vais déménager ?
Savez-vous où est Maxime ? – Oui, je le sais.
Je ne sais pas si j'ai mis assez de sel dans la soupe.
Je ne sais pas qui il a invité.
Sait-il pourquoi il est là ?
Nous savons ce que vous avez fait.

• **avec un nom commun ou un pronom**
(pour une chose que l'on a apprise) :
Louis sait sa leçon. Il la sait.
Les élèves savent tous le poème par cœur.
Jacques sait le latin et le grec.
Elle sait la nouvelle.
Je sais la recette des crêpes.
Tu sais le théorème ?
Quand sauras-tu tes conjugaisons ?

• **avec un infinitif**
Ils savent danser la valse.
Paul sait faire la cuisine.
À sept ans, Alex ne sait pas encore faire du vélo.
Manon sait déjà écrire.
Savez-vous conduire ?
Elle sait changer une roue.
Je ne saurais jamais parler couramment chinois.
Il faut que tu saches parler en public.
Sans vous, je n'aurais jamais su jouer du piano.

► **Connaître** est toujours suivi d'un nom (ou précédé d'un pronom) et s'utilise dans les circonstances suivantes :
• **avec un nom propre** (nom de personne ou de lieu, etc.) :
Vous connaissez Julien, mon cousin ? – Oui, je le connais.
Je connais bien Toulouse car mes parents y habitent.
J'ai connu Bruno à Marseille.

• **avec un nom commun** (domaine ou concept)
Vous connaissez certainement mon opinion sur cette question.
Henri connaît bien l'économie américaine.
Je ne connais pas grand-chose dans ce domaine.
Olivier connaît bien le droit français.
Je connais un peu l'informatique.
Charles connaît la mécanique.

• **avec un nom commun** (adresse, numéro de téléphone, code, etc.) :
Je ne connais pas son adresse.
Connais-tu son numéro de téléphone ?
Connaissez-vous le code de la porte ?

73 se taire

3e groupe

INDICATIF

Présent	Passé composé	Imparfait	Plus-que-parfait
je me tais	je me suis tu	je me taisais	je m'étais tu
tu te tais	tu t'es tu	tu te taisais	tu t'étais tu
il se tait	il s'est tu	il se taisait	il s'était tu
nous nous taisons	nous nous sommes tus	nous nous taisions	nous nous étions tus
vous vous taisez	vous vous êtes tus	vous vous taisiez	vous vous étiez tus
ils se taisent	ils se sont tus	ils se taisaient	ils s'étaient tus
Passé simple	**Passé antérieur**	**Futur simple**	**Futur antérieur**
je me tus	je me fus tu	je me tairai	je me serai tu
tu te tus	tu te fus tu	tu te tairas	tu te seras tu
il se tut	il se fut tu	il se taira	il se sera tu
nous nous tûmes	nous nous fûmes tus	nous nous tairons	nous nous serons tus
vous vous tûtes	vous vous fûtes tus	vous vous tairez	vous vous serez tus
ils se turent	ils se furent tus	ils se tairont	ils se seront tus

CONDITIONNEL

Présent	Passé
je me tairais	je me serais tu
tu te tairais	tu te serais tu
il se tairait	il se serait tu
nous nous tairions	nous nous serions tus
vous vous tairiez	vous vous seriez tus
ils se tairaient	ils se seraient tus

IMPÉRATIF

Présent	Passé
tais-toi	–
taisons-nous	–
taisez-vous	–

SUBJONCTIF

Présent	Passé	Imparfait	Plus-que-parfait
que je me taise	que je me sois tu	que je me tusse	que je me fusse tu
que tu te taises	que tu te sois tu	que tu te tusses	que tu te fusses tu
qu'il se taise	qu'il se soit tu	qu'il se tût	qu'il se fût tu
que nous nous taisions	que nous nous soyons tus	que nous nous tussions	que nous nous fussions tus
que vous vous taisiez	que vous vous soyez tus	que vous vous tussiez	que vous vous fussiez tus
qu'ils se taisent	qu'ils se soient tus	qu'ils se tussent	qu'ils se fussent tus

INFINITIF / PARTICIPE / GÉRONDIF

Présent	Passé	Présent	Passé	Présent	Passé
se taire	s'être tu	se taisant	tu s'étant tu	en se taisant	en s'étant tu

Remarques et usage

▶ **Se taire** a une conjugaison identique à celle de **plaire**, mais ne prend pas d'accent circonflexe sur le **i** à la 3e personne du singulier de l'indicatif présent.
Il se tait. [tɛ]

▶ **Se taire** : arrêter de parler
Taisez-vous !
Je vous demande de vous taire.
Pourriez-vous vous taire, s'il vous plaît ?

▶ Le participe passé de **se taire** est variable : **tu**, **tue**, **tus** et **tues**.
A son arrivée, tout le monde s'est tu.
A son arrivée, tous les étudiants se sont tus.

▶ **Taire** peut s'employer à la forme non pronominale.
C'est un secret qu'il a tu toute sa vie.

INDICATIF

Présent	Passé composé	Imparfait	Plus-que-parfait
je sers	j'ai servi	je servais	j'avais servi
tu sers	tu as servi	tu servais	tu avais servi
il sert	il a servi	il servait	il avait servi
nous servons	nous avons servi	nous servions	nous avions servi
vous servez	vous avez servi	vous serviez	vous aviez servi
ils servent	ils ont servi	ils servaient	ils avaient servi
Passé simple	**Passé antérieur**	**Futur simple**	**Futur antérieur**
je servis	j'eus servi	je servirai	j'aurai servi
tu servis	tu eus servi	tu serviras	tu auras servi
il servit	il eut servi	il servira	il aura servi
nous servîmes	nous eûmes servi	nous servirons	nous aurons servi
vous servîtes	vous eûtes servi	vous servirez	vous aurez servi
ils servirent	ils eurent servi	ils serviront	ils auront servi

CONDITIONNEL / IMPÉRATIF

Présent	Passé	Présent	Passé
je servirais	j'aurais servi	sers	aie servi
tu servirais	tu aurais servi	servons	ayons servi
il servirait	il aurait servi	servez	ayez servi
nous servirions	nous aurions servi		
vous serviriez	vous auriez servi		
ils serviraient	ils auraient servi		

SUBJONCTIF

Présent	Passé	Imparfait	Plus-que-parfait
que je serve	que j'aie servi	que je servisse	que j'eusse servi
que tu serves	que tu aies servi	que tu servisses	que tu eusses servi
qu'il serve	qu'il ait servi	qu'il servît	qu'il eût servi
que nous servions	que nous ayons servi	que nous servissions	que nous eussions servi
que vous serviez	que vous ayez servi	que vous servissiez	que vous eussiez servi
qu'ils servent	qu'ils aient servi	qu'ils servissent	qu'ils eussent servi

INFINITIF / PARTICIPE / GÉRONDIF

Présent	Passé	Présent	Passé	Présent	Passé
servir	avoir servi	servant	servi	en servant	en ayant servi
			ayant servi		

Remarques et usage

▶ **Servir** : apporter quelque chose à table
Je sers [sɛʀ] *la salade et je servirai* [sɛʀviʀe] *ensuite le poulet.*

▶ **Servir à** : être utilisé pour
Ce sac sert à faire les courses. [sɛʀ]
Tu peux jeter ces papiers, ils ne servent à rien. [sɛʀv]

▶ **Se servir**
• prendre ce dont on a besoin (dans un magasin, à table, etc.) :
Je vous en prie, servez-vous.
• pour exprimer la façon dont on doit servir quelque chose :
Ce vin se sert très frais.

▶ **Se servir de** : utiliser
Il se sert d'un ordinateur.

verbes en -**traire**
même conjugaison pour
distraire, extraire, traire, ...

75 soustraire

INDICATIF

Présent	Passé composé	Imparfait	Plus-que-parfait
je soustrais	j'ai soustrait	je soustrayais	j'avais soustrait
tu soustrais	tu as soustrait	tu soustrayais	tu avais soustrait
il soustrait	il a soustrait	il soustrayait	il avait soustrait
nous soustrayons	nous avons soustrait	nous soustrayions	nous avions soustrait
vous soustrayez	vous avez soustrait	vous soustrayiez	vous aviez soustrait
ils soustraient	ils ont soustrait	ils soustrayaient	ils avaient soustrait
Passé simple	**Passé antérieur**	**Futur simple**	**Futur antérieur**
–	j'eus soustrait	je soustrairai	j'aurai soustrait
–	tu eus soustrait	tu soustrairas	tu auras soustrait
–	il eut soustrait	il soustraira	il aura soustrait
–	nous eûmes soustrait	nous soustrairons	nous aurons soustrait
–	vous eûtes soustrait	vous soustrairez	vous aurez soustrait
–	ils eurent soustrait	ils soustrairont	ils auront soustrait

CONDITIONNEL / IMPÉRATIF

Présent	Passé	Présent	Passé
je soustrairais	j'aurais soustrait	soustrais	aie soustrait
tu soustrairais	tu aurais soustrait	soustrayons	ayons soustrait
il soustrairait	il aurait soustrait	soustrayez	ayez soustrait
nous soustrairions	nous aurions soustrait		
vous soustrairiez	vous auriez soustrait		
ils soustrairaient	ils auraient soustrait		

SUBJONCTIF

Présent	Passé	Imparfait	Plus-que-parfait
que je soustraie	que j'aie soustrait	–	que j'eusse soustrait
que tu soustraies	que tu aies soustrait	–	que tu eusses soustrait
qu'il soustraie	qu'il ait soustrait	–	qu'il eut soustrait
que nous soustrayions	que nous ayons soustrait	–	que nous eussions soustrait
que vous soustrayiez	que vous ayez soustrait	–	que vous eussiez soustrait
qu'ils soustraient	qu'ils aient soustrait	–	qu'ils eussent soustrait

INFINITIF / PARTICIPE / GÉRONDIF

Présent	Passé	Présent	Passé	Présent	Passé
soustraire	avoir soustrait	soustrayant	soustrait / ayant soustrait	en soustrayant	en ayant soustrait

Remarques et usage

▶ **Soustraire** et les verbes en -**traire** sont des verbes défectifs : ils n'ont pas de passé simple ni d'imparfait du subjonctif.

▶ Devant une voyelle prononcée, **i** devient **y**.
Nous soustrayons [sustʀɛjɔ̃] ; *je soustrayais* [sustʀɛjɛ] ; *je soustrais* [sustʀɛ] ; *que je soustraie* [sustʀɛ]

▶ Attention au **i** après le **y** aux 1ʳᵉ et 2ᵉ personnes du pluriel à l'imparfait de l'indicatif et au présent du subjonctif.

Nous soustrayions [sustʀɛjjɔ̃] ; *vous soustrayiez.* [sustʀɛjje]

▶ Le participe passé est en -**ait**.
J'ai soustrait 45 à 100, il reste donc 55.

▶ **Se soustraire à** : ne pas se soumettre à
Elle s'est soustraite à ses devoirs. (Elle n'a pas fait ce qu'elle devait faire.)

INDICATIF

Présent	Passé composé	Imparfait	Plus-que-parfait
je suffis	j'ai suffi	je suffisais	j'avais suffi
tu suffis	tu as suffi	tu suffisais	tu avais suffi
il suffit	il a suffi	il suffisait	il avait suffi
nous suffisons	nous avons suffi	nous suffisions	nous avions suffi
vous suffisez	vous avez suffi	vous suffisiez	vous aviez suffi
ils suffisent	ils ont suffi	ils suffisaient	ils avaient suffi
Passé simple	**Passé antérieur**	**Futur simple**	**Futur antérieur**
je suffis	j'eus suffi	je suffirai	j'aurai suffi
tu suffis	tu eus suffi	tu suffiras	tu auras suffi
il suffit	il eut suffi	il suffira	il aura suffi
nous suffîmes	nous eûmes suffi	nous suffirons	nous aurons suffi
vous suffîtes	vous eûtes suffi	vous suffirez	vous aurez suffi
ils suffirent	ils eurent suffi	ils suffiront	ils auront suffi

CONDITIONNEL

Présent	Passé
je suffirais	j'aurais suffi
tu suffirais	tu aurais suffi
il suffirait	il aurait suffi
nous suffirions	nous aurions suffi
vous suffiriez	vous auriez suffi
ils suffiraient	ils auraient suffi

IMPÉRATIF

Présent	Passé
suffis	aie suffi
suffisons	ayons suffi
suffisez	ayez suffi

SUBJONCTIF

Présent	Passé	Imparfait	Plus-que-parfait
que je suffise	que j'aie suffi	que je suffisse	que j'eusse suffi
que tu suffises	que tu aies suffi	que tu suffisses	que tu eusses suffi
qu'il suffise	qu'il ait suffi	qu'il suffît	qu'il eût suffi
que nous suffisions	que nous ayons suffi	que nous suffissions	que nous eussions suffi
que vous suffisiez	que vous ayez suffi	que vous suffissiez	que vous eussiez suffi
qu'ils suffisent	qu'ils aient suffi	qu'ils suffissent	qu'ils eussent suffi

INFINITIF / PARTICIPE / GÉRONDIF

Présent	Passé	Présent	Passé	Présent	Passé
suffire	avoir suffi	suffisant	suffi	en suffisant	en ayant suffi
			ayant suffi		

Remarques et usage

▶ Les trois personnes du singulier du présent et du passé simple de l'indicatif sont identiques.
Je suffis, tu suffis, il suffit. [syfi]

▶ **Suffire à** : se contenter de
Je n'ai pas besoin de voiture, ma bicyclette me suffit.
Les efforts que vous avez faits ne suffisent pas.

▶ **Il suffit de** + infinitif/**que** + subjonctif : être suffisant
Si tu veux sortir avec Michel, il suffit de lui demander/il suffit que tu lui demandes.

▶ **Ça suffit !** : C'est assez !
Taisez-vous les enfants, ça suffit maintenant !

▶ * Le participe passé de **circoncire** est **circoncis**.

▶ ** Le participe passé de **confire** et **frire** est **confit** et **frit**.

suivre

3e groupe

INDICATIF

Présent	Passé composé	Imparfait	Plus-que-parfait
je suis	j'ai suivi	je suivais	j'avais suivi
tu suis	tu as suivi	tu suivais	tu avais suivi
il suit	il a suivi	il suivait	il avait suivi
nous suivons	nous avons suivi	nous suivions	nous avions suivi
vous suivez	vous avez suivi	vous suiviez	vous aviez suivi
ils suivent	ils ont suivi	ils suivaient	ils avaient suivi
Passé simple	**Passé antérieur**	**Futur simple**	**Futur antérieur**
je suivis	j'eus suivi	je suivrai	j'aurai suivi
tu suivis	tu eus suivi	tu suivras	tu auras suivi
il suivit	il eut suivi	il suivra	il aura suivi
nous suivîmes	nous eûmes suivi	nous suivrons	nous aurons suivi
vous suivîtes	vous eûtes suivi	vous suivrez	vous aurez suivi
ils suivirent	ils eurent suivi	ils suivront	ils auront suivi

CONDITIONNEL

Présent	Passé
je suivrais	j'aurais suivi
tu suivrais	tu aurais suivi
il suivrait	il aurait suivi
nous suivrions	nous aurions suivi
vous suivriez	vous auriez suivi
ils suivraient	ils auraient suivi

IMPÉRATIF

Présent	Passé
suis	aie suivi
suivons	ayons suivi
suivez	ayez suivi

SUBJONCTIF

Présent	Passé	Imparfait	Plus-que-parfait
que je suive	que j'aie suivi	que je suivisse	que j'eusse suivi
que tu suives	que tu aies suivi	que tu suivisses	que tu eusses suivi
qu'il suive	qu'il ait suivi	qu'il suivît	qu'il eût suivi
que nous suivions	que nous ayons suivi	que nous suivissions	que nous eussions suivi
que vous suiviez	que vous ayez suivi	que vous suivissiez	que vous eussiez suivi
qu'ils suivent	qu'ils aient suivi	qu'ils suivissent	qu'ils eussent suivi

INFINITIF / PARTICIPE / GÉRONDIF

INFINITIF		PARTICIPE		GÉRONDIF	
Présent	Passé	Présent	Passé	Présent	Passé
suivre	avoir suivi	suivant	suivi	en suivant	en ayant suivi
			ayant suivi		

Remarques et usage

▶ Au présent de l'indicatif, la 1re personne du singulier est identique à celle du verbe **être**.
*Je **suis** la personne qui est devant moi.*

▶ Le participe passé est **suivi**.
*J'ai **suivi** Paul.*
*Les policiers nous ont **suivis**.*

▶ **Suivre** : aller derrière ou avec quelqu'un
Suivez-moi, s'il vous plaît.

▶ **Suivre** : prendre un cours, une formation
Martina suit des cours de français.

▶ **Suivre** : être régulier dans une activité
Ils suivent les nouvelles. Elle suit un régime.

▶ **Suivre** : venir après
Une réception suivra la cérémonie.

▶ **Suivre** : comprendre une explication
Je suis désolé mais je ne vous suis pas.

3e groupe

INDICATIF

Présent	Passé composé	Imparfait	Plus-que-parfait
je vaux	j'ai valu	je valais	j'avais valu
tu vaux	tu as valu	tu valais	tu avais valu
il vaut	il a valu	il valait	il avait valu
nous valons	nous avons valu	nous valions	nous avions valu
vous valez	vous avez valu	vous valiez	vous aviez valu
ils valent	ils ont valu	ils valaient	ils avaient valu
Passé simple	**Passé antérieur**	**Futur simple**	**Futur antérieur**
je valus	j'eus valu	je vaudrai	j'aurai valu
tu valus	tu eus valu	tu vaudras	tu auras valu
il valut	il eut valu	il vaudra	il aura valu
nous valûmes	nous eûmes valu	nous vaudrons	nous aurons valu
vous valûtes	vous eûtes valu	vous vaudrez	vous aurez valu
ils valurent	ils eurent valu	ils vaudront	ils auront valu

CONDITIONNEL

Présent	Passé
je vaudrais	j'aurais valu
tu vaudrais	tu aurais valu
il vaudrait	il aurait valu
nous vaudrions	nous aurions valu
vous vaudriez	vous auriez valu
ils vaudraient	ils auraient valu

IMPÉRATIF

Présent	Passé
vaux	aie valu
valons	ayons valu
valez	ayez valu

SUBJONCTIF

Présent	Passé	Imparfait	Plus-que-parfait
que je vaille	que j'aie valu	que je valusse	que j'eusse valu
que tu vailles	que tu aies valu	que tu valusses	que tu eusses valu
qu'il vaille	qu'il ait valu	qu'il valût	qu'il eût valu
que nous valions	que nous ayons valu	que nous valussions	que nous eussions valu
que vous valiez	que vous ayez valu	que vous valussiez	que vous eussiez valu
qu'ils vaillent	qu'ils aient valu	qu'ils valussent	qu'ils eussent valu

INFINITIF / PARTICIPE / GÉRONDIF

INFINITIF		PARTICIPE		GÉRONDIF	
Présent	Passé	Présent	Passé	Présent	Passé
valoir	avoir valu	valant	valu	en valant	en ayant valu
			ayant valu		

Remarques et usage

▶ Attention au -**x** aux 1re et 2e personnes du singulier au présent de l'indicatif.
Je vaux, tu vaux. [vo]

▶ **Valoir :** coûter un prix, avoir une certaine valeur
Combien vaut ce collier ? [vo]
Ces stylos ne valent rien. [val] (Ils sont de mauvaise qualité, ou pas chers)

▶ **Valoir la peine :** avoir de l'intérêt
Va voir ce film, ça vaut la peine.

Devrait-on visiter ce monument ? – Non, ça ne vaut pas la peine.

▶ **Valoir :** avoir pour conséquence
J'ai critiqué son travail, ce qui m'a valu des problèmes.

▶ **Il vaut mieux** + infinitif/**que** + subjonctif : il est préférable de/que
Pour gagner du temps, il vaut mieux prendre/que tu prennes l'autoroute.

79 | verbes en -**enir**
même conjugaison pour
convenir, devenir... tenir *et ses dérivés*, appartenir, obtenir...

venir

3e groupe

INDICATIF

Présent	Passé composé	Imparfait	Plus-que-parfait
je v**iens**	je suis v**enu**	je ven**ais**	j'étais v**enu**
tu v**iens**	tu es v**enu**	tu ven**ais**	tu étais v**enu**
il v**ient**	il est v**enu**	il ven**ait**	il était v**enu**
nous ven**ons**	nous sommes v**enus**	nous ven**ions**	nous étions v**enus**
vous ven**ez**	vous êtes v**enus**	vous ven**iez**	vous étiez v**enus**
ils v**iennent**	ils sont v**enus**	ils ven**aient**	ils étaient v**enus**
Passé simple	**Passé antérieur**	**Futur simple**	**Futur antérieur**
je v**ins**	je fus v**enu**	je v**iendrai**	je serais v**enu**
tu v**ins**	tu fus v**enu**	tu v**iendras**	tu seras v**enu**
il v**int**	il fut v**enu**	il v**iendra**	il sera v**enu**
nous v**înmes**	nous fûmes v**enus**	nous v**iendrons**	nous serons v**enus**
vous v**întes**	vous fûtes v**enus**	vous v**iendrez**	vous serez v**enus**
ils v**inrent**	ils furents v**enus**	ils v**iendront**	ils seront v**enus**

CONDITIONNEL / IMPÉRATIF

Présent	Passé	Présent	Passé
je v**iendrais**	je serais v**enu**	v**iens**	sois v**enu**
tu v**iendrais**	tu serais v**enu**	ven**ons**	soyons v**enus**
il v**iendrait**	il serait v**enu**	ven**ez**	soyez v**enus**
nous v**iendrions**	nous serions v**enus**		
vous v**iendriez**	vous seriez v**enus**		
ils v**iendraient**	ils seraient v**enus**		

SUBJONCTIF

Présent	Passé	Imparfait	Plus-que-parfait
que je v**ienne**	que je sois v**enu**	que je v**insse**	que je fusse v**enu**
que tu v**iennes**	que tu sois v**enu**	que tu v**insses**	que tu fusses v**enu**
qu'il v**ienne**	qu'il soit v**enu**	qu'il v**înt**	qu'il fût v**enu**
que nous ven**ions**	que nous soyons v**enus**	que nous v**inssions**	que nous fussions v**enus**
que vous ven**iez**	que vous soyez v**enus**	que vous v**inssiez**	que vous fussiez v**enus**
qu'ils v**iennent**	qu'ils soient v**enus**	qu'ils v**inssent**	qu'ils fussent v**enus**

INFINITIF / PARTICIPE / GÉRONDIF

Présent	Passé	Présent	Passé	Présent	Passé
venir	être v**enu**	ven**ant**	v**enu**	en ven**ant**	en étant v**enu**
			étant v**enu**		

Remarques et usage

▶ Attention au doublement du **n** devant un **e** muet.

*Ils vie**nn**ent.* [vjɛn]
*Il faut que tu vie**nn**es tout de suite.*

▶ **Venir** se conjugue avec l'auxiliaire **être** aux temps composés.

Elle est venue dîner chez nous hier soir. [vəny]
Je connaissais bien ce musée, j'y étais déjà venu avec mes parents.
S'ils avaient été invités, ils seraient venus.

▶ Les dérivés de **venir** se conjuguent avec **être** sauf **prévenir**.

J'ai prévenu mes amis que nous passerions les voir cet été.
Vous ne nous avez pas prévenus.
Je vous aurai prévenus !

⚠ **Convenir** peut se conjuguer avec **avoir** ou **être**

• **Convenir de** (avec **avoir** ou **être**) : se mettre d'accord
Nous avons convenu d'un rendez-vous.
Nous sommes convenus d'un rendez-vous. (style soutenu)

• **Convenir à** (avec **avoir**) : plaire à
Le dîner ne lui a pas convenu.

(**Tenir** et ses dérivés se conjuguent avec l'auxiliaire **avoir** : *Olivier a tenu à nous dire qu'il nous remerciait.*)

▶ **Venir**
Se déplacer
Tu viens chez moi tout à l'heure ?
Je vais faire des courses, tu viens avec moi ?
Nous viendrons lundi prochain.
Venez à la maison demain soir.

Arriver bientôt
Le moment est venu de nous séparer.
Les semaines qui viennent vont être difficiles.
Nous vous contacterons dans les jours à venir.
Nous lui dirons la vérité le moment venu.

▶ **Venir de :**
– arriver d'un lieu
Je viens de la banque.
Tu viens du bureau ?
Waldemar vient de Pologne.
Je ne savais pas qu'ils venaient de Munich.

Avec **venir de**, on utilise le pronom **en**
Tu es allé à la bibliothèque ? – Oui, j'en viens.

– être originaire de
Andrew vient du Pays de Galles et Camilla vient de Suisse. Et toi, d'où viens-tu ? – Des États-Unis.

– provenir de
Ce collier vient de ma grand-mère.
(Il appartenait à ma grand-mère.)
Le pain vient de la nouvelle boulangerie.
D'où vient cette photo ?

– avoir pour cause
Sa réussite vient de son travail et de sa persévérance.
Doù vient sa tristesse ? – De ses problèmes familiaux.

▶ **Venir de (+ infinitif) :** indique le passé récent
Vincent vient d'acheter une maison.
Les étudiants viennent de sortir de l'amphithéâtre.
Quand je suis arrivé, ils venaient de se disputer.
(Ils s'étaient disputés juste avant que j'arrive.)

▶ **Venir au monde :** naître
Leur fils est venu au monde le 12 octobre.
Quand son bébé sera venu au monde, sa sœur viendra l'aider.

80 vivre

3e groupe

INDICATIF

Présent	Passé composé	Imparfait	Plus-que-parfait
je vis	j'ai vécu	je vivais	j'avais vécu
tu vis	tu as vécu	tu vivais	tu avais vécu
il vit	il a vécu	il vivait	il avait vécu
nous vivons	nous avons vécu	nous vivions	nous avions vécu
vous vivez	vous avez vécu	vous viviez	vous aviez vécu
ils vivent	ils ont vécu	ils vivaient	ils avaient vécu
Passé simple	**Passé antérieur**	**Futur simple**	**Futur antérieur**
je vécus	j'eus vécu	je vivrai	j'aurai vécu
tu vécus	tu eus vécu	tu vivras	tu auras vécu
il vécut	il eut vécu	il vivra	il aura vécu
nous vécûmes	nous eûmes vécu	nous vivrons	nous aurons vécu
vous vécûtes	vous eûtes vécu	vous vivrez	vous aurez vécu
ils vécurent	ils eurent vécu	ils vivront	ils auront vécu

CONDITIONNEL / IMPÉRATIF

Présent	Passé	Présent	Passé
je vivrais	j'aurais vécu	vis	aie vécu
tu vivrais	tu aurais vécu	vivons	ayons vécu
il vivrait	il aurait vécu	vivez	ayez vécu
nous vivrions	nous aurions vécu		
vous vivriez	vous auriez vécu		
ils vivraient	ils auraient vécu		

SUBJONCTIF

Présent	Passé	Imparfait	Plus-que-parfait
que je vive	que j'aie vécu	que je vécusse	que j'eusse vécu
que tu vives	que tu aies vécu	que tu vécusses	que tu eusses vécu
qu'il vive	qu'il ait vécu	qu'il vécût	qu'il eût vécu
que nous vivions	que nous ayons vécu	que nous vécussions	que nous eussions vécu
que vous viviez	que vous ayez vécu	que vous vécussiez	que vous eussiez vécu
qu'ils vivent	qu'ils aient vécu	qu'ils vécussent	qu'ils eussent vécu

INFINITIF / PARTICIPE / GÉRONDIF

Présent	Passé	Présent	Passé	Présent	Passé
vivre	avoir vécu	vivant	vécu ayant vécu	en vivant	en ayant vécu

Remarques et usage

▶ Les trois personnes du présent de l'indicatif sont identiques à celles du passé simple du verbe **voir**. *Je vis, tu vis, il vit.* [vi]

▶ Le participe passé est **vécu**. *Nous avons **vécu** dix ans à l'étranger. Les drames qu'ils ont **vécus** les ont marqués pour toute la vie.*

▶ **Vécu** est invariable s'il a seulement un complément circonstanciel de temps. *Les deux ans qu'il a **vécu** au Portugal lui ont permis d'apprendre le portugais.*

▶ * Le participe passé de **survivre**, **survécu**, est invariable.

INDICATIF

Présent	Passé composé	Imparfait	Plus-que-parfait
je **vois**	j'ai **vu**	je **voyais**	j'avais **vu**
tu **vois**	tu as **vu**	tu **voyais**	tu avais **vu**
il **voit**	il a **vu**	il **voyait**	il avait **vu**
nous **voyons**	nous avons **vu**	nous **voyions**	nous avions **vu**
vous **voyez**	vous avez **vu**	vous **voyiez**	vous aviez **vu**
ils **voient**	ils ont **vu**	ils **voyaient**	ils avaient **vu**
Passé simple	Passé antérieur	Futur simple	Futur antérieur
je **vis**	j'eus **vu**	je **verrai**	j'aurai **vu**
tu **vis**	tu eus **vu**	tu **verras**	tu auras **vu**
il **vit**	il eut **vu**	il **verra**	il aura **vu**
nous **vîmes**	nous eûmes **vu**	nous **verrons**	nous aurons **vu**
vous **vîtes**	vous eûtes **vu**	vous **verrez**	vous aurez **vu**
ils **virent**	ils eurent **vu**	ils **verront**	ils auront **vu**

CONDITIONNEL

Présent	Passé
je **verrais**	j'aurais **vu**
tu **verrais**	tu aurais **vu**
il **verrait**	il aurait **vu**
nous **verrions**	nous aurions **vu**
vous **verriez**	vous auriez **vu**
ils **verraient**	ils auraient **vu**

IMPÉRATIF

Présent	Passé
vois	aie **vu**
voyons	ayons **vu**
voyez	ayez **vu**

SUBJONCTIF

Présent	Passé	Imparfait	Plus-que-parfait
que je **voie**	que j'aie **vu**	que je **visse**	que j'eusse **vu**
que tu **voies**	que tu aies **vu**	que tu **visses**	que tu eusses **vu**
qu'il **voie**	qu'il ait **vu**	qu'il **vît**	qu'il eût **vu**
que nous **voyions**	que nous ayons **vu**	que nous **vissions**	que nous eussions **vu**
que vous **voyiez**	que vous ayez **vu**	que vous **vissiez**	que vous eussiez **vu**
qu'ils **voient**	qu'ils aient **vu**	qu'ils **vissent**	qu'ils eussent **vu**

INFINITIF		PARTICIPE		GÉRONDIF	
Présent	Passé	Présent	Passé	Présent	Passé
voir	avoir **vu**	voy**ant**	**vu**	en v**oyant**	en ayant **vu**
			ayant **vu**		

Remarques et usage

▶ **i** devient **y** devant **a**, **e** (prononcé), **i** et **o**.
Je voyais [vwajɛ]. *Vous voyez* [vwaje]. *Nous voyons* [vwajɔ̃]. *Nous voyions* [vwajjɔ̃].

▶ Au futur simple et au présent du conditionnel, la conjugaison est en **verr-**
*On **verra** demain.* [veʀa]
*Si tu avais des lunettes, tu **verr**ais sans doute mieux.* [veʀɛ]

▶ Au présent du subjonctif, les trois personnes du singulier prennent un **e** mais se prononcent comme au présent de l'indicatif.
Il faut que je voie le directeur tout de suite. [vwa]
J'aimerais que tu voies mon projet. [vwa]
Je ne crois pas qu'il voie encore son ex-femme. [vwa]

vouloir

3e groupe

INDICATIF

Présent	Passé composé	Imparfait	Plus-que-parfait
je veux	j'ai voulu	je voulais	j'avais voulu
tu veux	tu as voulu	tu voulais	tu avais voulu
il veut	il a voulu	il voulait	il avait voulu
nous voulons	nous avons voulu	nous voulions	nous avions voulu
vous voulez	vous avez voulu	vous vouliez	vous aviez voulu
ils veulent	ils ont voulu	ils voulaient	ils avaient voulu
Passé simple	**Passé antérieur**	**Futur simple**	**Futur antérieur**
je voulus	j'eus voulu	je voudrai	j'aurai voulu
tu voulus	tu eus voulu	tu voudras	tu auras voulu
il voulut	il eut voulu	il voudra	il aura voulu
nous voulûmes	nous eûmes voulu	nous voudrons	nous aurons voulu
vous voulûtes	vous eûtes voulu	vous voudrez	vous aurez voulu
ils voulurent	ils eurent voulu	ils voudront	ils auront voulu

CONDITIONNEL / IMPÉRATIF

Présent	Passé	Présent	Passé
je voudrais	j'aurais voulu	veux / veuille	aie voulu
tu voudrais	tu aurais voulu	voulons	ayons voulu
il voudrait	il aurait voulu	voulez / veuillez	ayez voulu
nous voudrions	nous aurions voulu		
vous voudriez	vous auriez voulu		
ils voudraient	ils auraient voulu		

SUBJONCTIF

Présent	Passé	Imparfait	Plus-que-parfait
que je veuille	que j'aie voulu	que je voulusse	que j'eusse voulu
que tu veuilles	que tu aies voulu	que tu voulusses	que tu eusses voulu
qu'il veuille	qu'il ait voulu	qu'il voulût	qu'il eût voulu
que nous voulions	que nous ayons voulu	que nous voulussions	que nous eussions voulu
que vous vouliez	que vous ayez voulu	que vous voulussiez	que vous eussiez voulu
qu'ils veuillent	qu'ils aient voulu	qu'ils voulussent	qu'ils eussent voulu

INFINITIF / PARTICIPE / GÉRONDIF

Présent	Passé	Présent	Passé	Présent	Passé
vouloir	avoir voulu	voulant	voulu ayant voulu	en voulant	en ayant voulu

Remarques et usage

▶ Attention au -x aux deux premières personnes du singulier du présent de l'indicatif.
Je veux. [vø]
Tu veux. [vø]

▶ **Vouloir quelque chose**
Je veux des chaussures.
Je voudrais cette robe.

▶ **Vouloir de quelque chose, de quelqu'un :** accepter (souvent utilisé à la forme négative dans le sens de « refuser »)
Je ne veux pas de ce café, il n'est pas bon.
Il est tellement désagréable que personne ne veut de lui.
Elle ne voulait plus de cette vieille voiture, elle l'a vendue.

▶ **Vouloir** peut être suivi d'un infinitif et changer de sens.

▶ **Vouloir + infinitif**
(quand le sujet est le même)
Nous voulons aller en Turquie.
Voulez-vous venir dîner ce soir ?

▶ **Vouloir + que + subjonctif**
(quand les sujets sont différents)
Nous voulons que vous nous aidiez.
Je ne voulais pas qu'il sache la vérité.
Voulez-vous que je vous aide ?

▶ **Vouloir au conditionnel présent**
(indique une demande plus polie)
Je voudrais une baguette, s'il vous plaît.
Nous voudrions savoir à quelle heure vous pensez arriver à Paris. [vudʀijɔ̃]
Voudriez-vous venir avec nous à Lyon ?

▶ **Vouloir bien :** accepter
Tu veux un café ? – Oui, je veux bien.
Vous voulez bien garder mes enfants ce soir ?
Il veut bien te prêter sa voiture, mais c'est exceptionnel.

Au présent du conditionnel, **bien** renforce le souhait.
Je voudrais bien une glace à la fraise.
Je voudrais bien qu'il me téléphone.

▶ **Vouloir dire :** signifier quelque chose
Je voudrais vous dire que je serai absent demain.
Que voulez-vous dire ? – Je veux dire que cette visite n'est pas très intéressante.

▶ **Ça veut dire :** ça signifie
Qu'est-ce que ça veut dire, cette expression ?
Ça ne veut rien dire. (Ça n'a aucun sens.)

Ça peut être remplacé par **cela** dans un style soutenu :
Qu'est-ce que cela veut dire ?
Cela ne veut rien dire.

▶ **En vouloir à quelqu'un :** être fâché contre quelqu'un
J'ai oublié son anniversaire et il m'en veut.
Tu m'en veux encore ?
Ne t'inquiète pas, je ne t'en veux plus.
Il ne faut pas lui en vouloir, c'est encore un enfant.

▶ **S'en vouloir :** se reprocher quelque chose
Je m'en veux de lui avoir dit la vérité.
Elle s'en est voulu d'avoir refusé ce poste.

▶ Au présent de l'impératif, **vouloir** indique une demande formelle à l'oral et à l'écrit. Il est généralement utilisé à la 2e personne du pluriel : **veuillez** [vœje]
Veuillez vous asseoir, monsieur.
Veuillez ne pas faire autant de bruit.
Veuillez trouver, ci-joint, une copie de mon passeport.
Veuillez nous renvoyer le contrat signé.

Les formes **veux**, **voulons** et **voulez** du présent de l'impératif sont très rares.

Index

Index

Index

Index

Index

177

178

I n d e x

183

Index

188

Index

N° d'éditeur : 10182509 - septembre 2011
Imprimé en Espagne par Gráficas Estella, S.L.